PREFÁCIO

I0145175

A coleção de frases de viagem "Vai tudo correr bem!" publicada pela T&P Books é concebida para pessoas que vão ao estrangeiro em viagens de turismo e negócios. Os livros de frases contêm o que é mais importante - o essencial para uma comunicação básica. Este é um conjunto indispensável de frases para "sobreviver" no estrangeiro.

Este Guia de Conversação irá ajudá-lo na maioria das situações em que precise de perguntar alguma coisa, obter direções, saber quanto custa algo, etc. Pode também resolver situações de difícil comunicação onde os gestos simplesmente não ajudam.

Este livro contém uma série de frases que foram agrupadas de acordo com os tópicos mais relevantes. A edição também inclui um pequeno vocabulário que contém aproximadamente 3.000 das palavras mais frequentemente usadas. Outra secção do Guia de Conversação fornece um dicionário gastronômico que pode ajudá-lo a pedir comida num restaurante ou comprar alimentos numa loja.

Leve consigo para a estrada o Guia de Conversação "Vai tudo correr bem!" e terá um companheiro de viagem insubstituível, que irá ajudá-lo a encontrar o seu caminho em qualquer situação e ensiná-lo a não recear falar com estrangeiros.

TABELA DE CONTEÚDOS

T&P Books Publishing

T&P Books Publishing

GUIA DE CONVERSAÇÃO
INGLÊS

Andrey Taranov

AS PALAVRAS E AS FRASES MAIS ÚTEIS

Este guia de conversação contém frases e perguntas comuns essenciais para uma comunicação básica com estrangeiros

T&P BOOKS

Frases + dicionário de 3000 palavras

Guia de Conversação Português-Inglês e vocabulário temático 3000 palavras

Por Andrey Taranov

A coleção de frases de viagem "Vai tudo correr bem!" publicada pela T&P Books é concebida para pessoas que vão ao estrangeiro em viagens de turismo e negócios. Os livros de frases contêm o que é mais importante - o essencial para uma comunicação básica. Este é um conjunto indispensável de frases para "sobreviver" no estrangeiro.

Este livro também inclui um pequeno vocabulário temático que contém aproximadamente 3.000 das palavras mais frequentemente usadas. Outra secção do Guia de Conversação disponibiliza um dicionário gastronômico que pode ajudá-lo a pedir comida num restaurante ou comprar alimentos numa loja.

Editora T&P Books
www.tpbooks.com

ISBN: 978-1-78492-600-7

Este livro também está disponível em formato E-book.
Por favor visite www.tpbooks.com ou as principais livrarias on-line.

PRONÚNCIA

Vogais

Letra	Exemplo Inglês americano	Alfabeto fonético T&P	Exemplo Português
a	age	[eɪ]	seis
a	bag	[æ]	semana
a	car	[ɑː]	rapaz
a	care	[eə]	fêmea
e	meat	[iː]	cair
e	pen	[e]	metal
e	verb	[ʒ]	minhoca
e	here	[ɪə]	variedade
i	life	[aj]	baixar
i	sick	[ɪ]	sinónimo
i	girl	[ø]	orgulhoso
i	fire	[ajə]	flyer
o	rose	[əʊ]	réu
o	shop	[ɒ]	chamar
o	sport	[ɔː]	emboço
o	ore	[ɔː]	emboço
u	to include	[uː]	blusa
u	sun	[ʌ]	fax
u	church	[ʒ]	minhoca
u	pure	[ʊə]	adoecer
y	to cry	[aj]	baixar
y	system	[ɪ]	sinónimo
y	Lyre	[ajə]	flyer
y	party	[ɪ]	sinónimo

Consoantes

Letra	Exemplo Inglês americano	Alfabeto fonético T&P	Exemplo Português
b	bar	[b]	barril
c	city	[s]	sanita
c	clay	[k]	kiwi
d	day	[d]	dentista
f	face	[f]	safári
g	geography	[dʒ]	adjetivo

Letra	Exemplo Inglês americano	Alfabeto fonético T&P	Exemplo Português
g	glue	[g]	gosto
h	home	[h]	[h] aspirada
j	joke	[ʤ]	adjetivo
k	king	[k]	kiwi
l	love	[l]	libra
m	milk	[m]	magnólia
n	nose	[n]	natureza
p	pencil	[p]	presente
q	queen	[k]	kiwi
r	rose	[r]	riscar
s	sleep	[s]	sanita
s	please	[z]	sésamo
s	pleasure	[ʒ]	talvez
t	table	[t]	tulipa
v	velvet	[v]	fava
w	winter	[w]	página web
x	ox	[ks]	perplexo
x	exam	[gz]	Yangtzé
z	azure	[ʒ]	talvez
z	zebra	[z]	sésamo

Combinações de letras

ch	China	[ʧ]	Tchau!
ch	chemistry	[k]	kiwi
ch	machine	[ʃ]	mês
sh	ship	[ʃ]	mês
th	weather	[ð]	[z] - fricativa dental sonora não-sibilante
th	tooth	[θ]	[s] - fricativa dental surda não-sibilante
ph	telephone	[f]	safári
ck	black	[k]	kiwi
ng	ring	[n]	alcançar
ng	English	[ŋ]	alcançar
wh	white	[w]	página web
wh	whole	[h]	[h] aspirada
wr	wrong	[r]	riscar
gh	enough	[f]	safári
gh	sign	[n]	natureza
kn	knife	[n]	natureza
qu	question	[kv]	aquário
tch	catch	[ʧ]	Tchau!
oo+k	book	[ʊ]	bonita
oo+r	door	[ɔ:]	emboço
ee	tree	[i:]	cair

Letra	Exemplo Inglês americano	Alfabeto fonético T&P	Exemplo Português
ou	house	[aʊ]	produção
ou+r	our	[aʊə]	similar - Espanhol 'cacahuete'
ay	today	[eɪ]	seis
ey	they	[eɪ]	seis

LISTA DE ABREVIATURAS

Abreviaturas do Português

adj	-	adjetivo
adv	-	advérbio
anim.	-	animado
conj.	-	conjunção
desp.	-	desporto
etc.	-	etecetra
ex.	-	por exemplo
f	-	nome feminino
f pl	-	feminino plural
fem.	-	feminino
inanim.	-	inanimado
m	-	nome masculino
m pl	-	masculino plural
m, f	-	masculino, feminino
masc.	-	masculino
mat.	-	matemática
mil.	-	militar
pl	-	plural
prep.	-	preposição
pron.	-	pronome
sb.	-	sobre
sing.	-	singular
v aux	-	verbo auxiliar
vi	-	verbo intransitivo
vi, vt	-	verbo intransitivo, transitivo
vp	-	verbo pronominal
vt	-	verbo transitivo

Abreviaturas do Inglês americano

v aux	-	verbo auxiliar
vi	-	verbo intransitivo
vi, vt	-	verbo intransitivo, transitivo
vt	-	verbo transitivo

T&P BOOKS

GUIA DE CONVERSAÇÃO INGLÊS

Esta secção contém frases
importantes que podem vir
a ser úteis em várias
situações da vida real.
O Guia de Conversação irá
ajudá-lo a pedir orientações,
esclarecer um preço,
comprar bilhetes e pedir
comida num restaurante

T&P Books Publishing

CONTEÚDO DO GUIA DE CONVERSAÇÃO

T&P Books Publishing

O mínimo

Desculpe, ...	**Excuse me, ...** [ɪkˈskjuːz miː, ...]
Olá!	**Hello.** [həˈləʊ]
Obrigado /Obrigada/.	**Thank you.** [θæŋk ju]
Adeus.	**Good bye.** [ɡʊd baɪ]
Sim.	**Yes.** [jes]
Não.	**No.** [nəʊ]
Não sei.	**I don't know.** [aɪ dəʊnt nəʊ]
Onde? | Para onde? | Quando?	**Where? | Where to? | When?** [weə? | weə tuː? | wen?]

Preciso de ...	**I need ...** [aɪ niːd ...]
Eu queria ...	**I want ...** [aɪ wɒnt ...]
Tem ...?	**Do you have ...?** [də ju hɛv ...?]
Há aqui ...?	**Is there a ... here?** [ɪz ðər ə ... hɪə?]
Posso ...?	**May I ...?** [meɪ aɪ ...?]
..., por favor	**..., please** [..., pliːz]

Estou à procura de ...	**I'm looking for ...** [aɪm ˈlʊkɪŋ fə ...]
casa de banho	**restroom** [ˈrestruːm]
Multibanco	**ATM** [eɪtiːˈem]
farmácia	**pharmacy, drugstore** [ˈfɑːməsi, ˈdrʌgstɔː]
hospital	**hospital** [ˈhɒspɪtl]
esquadra de polícia	**police station** [pəˈliːs ˈsteɪʃn]
metro	**subway** [ˈsʌbweɪ]

táxi	**taxi** ['tæksi]
estação de comboio	**train station** [treɪn 'steɪʃn]

Chamo-me ...	**My name is ...** [maɪ 'neɪm ɪz ...]
Como se chama?	**What's your name?** [wɒts jɔ: 'neɪm?]
Pode-me dar uma ajuda?	**Could you please help me?** [kəd ju pli:z help mi:?]
Tenho um problema.	**I've got a problem.** [av gɒt ə 'prɒbləm]
Não me sinto bem.	**I don't feel well.** [aɪ dəʊnt fi:l wel]
Chame a ambulância!	**Call an ambulance!** [kɔ:l ən 'æmbjələns!]
Posso fazer uma chamada?	**May I make a call?** [meɪ aɪ 'meɪk ə kɔ:l?]

Desculpe.	**I'm sorry.** [aɪm 'sɒri]
De nada.	**You're welcome.** [juə 'welkəm]

eu	**I, me** [aɪ, mi]
tu	**you** [ju]
ele	**he** [hi]
ela	**she** [ʃi]
eles	**they** [ðeɪ]
elas	**they** [ðeɪ]
nós	**we** [wi]
vocês	**you** [ju]
você	**you** [ju]

ENTRADA	**ENTRANCE** ['entrɑ:ns]
SAÍDA	**EXIT** ['eksɪt]
FORA DE SERVIÇO	**OUT OF ORDER** [aʊt əv 'ɔ:də]
FECHADO	**CLOSED** [kləʊzd]

ABERTO

OPEN
['əʊpən]

PARA SENHORAS

FOR WOMEN
[fə 'wɪmɪn]

PARA HOMENS

FOR MEN
[fə men]

Perguntas

Onde?	**Where?** [weə?]
Para onde?	**Where to?** [weə tuː?]
De onde?	**Where from?** [weə frɒm?]
Porquê?	**Why?** [waɪ?]
Porque razão?	**Why?** [waɪ?]
Quando?	**When?** [wen?]
Quanto tempo?	**How long?** [haʊ 'lɒŋ?]
A que horas?	**At what time?** [ət wɒt 'taɪm?]
Quanto?	**How much?** [haʊ 'mʌtʃ?]
Tem ...?	**Do you have ...?** [də ju hɛv ...?]
Onde fica ...?	**Where is ...?** [weə ɪz ...?]
Que horas são?	**What time is it?** [wɒt taɪm ɪz ɪt?]
Posso fazer uma chamada?	**May I make a call?** [meɪ aɪ meɪk ə kɔːl?]
Quem é?	**Who's there?** [huːz ðeə?]
Posso fumar aqui?	**Can I smoke here?** [kən aɪ sməʊk hɪə?]
Posso ...?	**May I ...?** [meɪ aɪ ...?]

Necessidades

Eu gostaria de ...	**I'd like ...** [aɪd 'laɪk ...]
Eu não quero ...	**I don't want ...** [aɪ dəʊnt wɒnt ...]
Tenho sede.	**I'm thirsty.** [aɪm 'θɜːsti]
Eu quero dormir.	**I want to sleep.** [aɪ wɒnt tə sliːp]

Eu queria ...	**I want ...** [aɪ wɒnt ...]
lavar-me	**to wash up** [tə wɒʃ ʌp]
escovar os dentes	**to brush my teeth** [tə brʌʃ maɪ tiːθ]
descansar um pouco	**to rest a while** [tə rest ə waɪl]
trocar de roupa	**to change my clothes** [tə tʃeɪndʒ maɪ kləʊðz]

voltar ao hotel	**to go back to the hotel** [tə gəʊ 'bæk tə ðə həʊ'tel]
comprar ...	**to buy ...** [tə baɪ ...]
ir para ...	**to go to ...** [tə gəʊ tə ...]
visitar ...	**to visit ...** [tə 'vɪzɪt ...]
encontrar-me com ...	**to meet with ...** [tə miːt wɪð ...]
fazer uma chamada	**to make a call** [tə meɪk ə kɔːl]

Estou cansado /cansada/.	**I'm tired.** [aɪm 'taɪəd]
Nós estamos cansados /cansadas/.	**We are tired.** [wi ə 'taɪəd]
Tenho frio.	**I'm cold.** [aɪm kəʊld]
Tenho calor.	**I'm hot.** [aɪm hɒt]
Estou bem.	**I'm OK.** [aɪm əʊ'keɪ]

Preciso de telefonar.

I need to make a call.
[aɪ niːd tə meɪk ə kɔːl]

Preciso de ir à casa de banho.

I need to go to the restroom.
[aɪ niːd tə gəʊ tə ðə 'restruːm]

Tenho de ir.

I have to go.
[aɪ hɛv tə gəʊ]

Tenho de ir agora.

I have to go now.
[aɪ hɛv tə gəʊ naʊ]

Perguntando por direções

Desculpe, ...
Excuse me, ...
[ɪk'skjuːz miː, ...]

Onde fica ...?
Where is ...?
[weə ɪz ...?]

Para que lado fica ...?
Which way is ...?
[wɪtʃ weɪ ɪz ...?]

Pode-me dar uma ajuda?
Could you help me, please?
[kəd ju help miː, pliːz?]

Estou à procura de ...
I'm looking for ...
[aɪm 'lʊkɪŋ fə ...]

Estou à procura da saída.
I'm looking for the exit.
[aɪm 'lʊkɪŋ fə ði 'eksɪt]

Eu vou para ...
I'm going to ...
[aɪm 'gəʊɪŋ tə ...]

Estou a ir bem para ...?
Am I going the right way to ...?
[əm aɪ 'gəʊɪŋ ðə raɪt 'weɪ tə ...?]

Fica longe?
Is it far?
[ɪz ɪt fɑː?]

Posso ir até lá a pé?
Can I get there on foot?
[kən aɪ get ðər ɒn fʊt?]

Pode-me mostrar no mapa?
Can you show me on the map?
[kən ju ʃəʊ miː ɒn ðə mæp?]

Mostre-me onde estamos de momento.
Show me where we are right now.
[ʃəʊ miː weə wi ə raɪt naʊ]

Aqui
Here
[hɪə]

Ali
There
[ðeə]

Por aqui
This way
[ðɪs weɪ]

Vire à direita.
Turn right.
[tɜːn raɪt]

Vire à esquerda.
Turn left.
[tɜːn left]

primeira (segunda, terceira) curva
first (second, third) turn
[fɜːst ('sekənd, θɜːd) tɜːn]

para a direita
to the right
[tə ðə raɪt]

para a esquerda

to the left
[tə ðə left]

Vá sempre em frente.

Go straight.
[gəʊ streɪt]

Sinais

BEM-VINDOS!	**WELCOME!** ['welkəm!]
ENTRADA	**ENTRANCE** ['entrɑ:ns]
SAÍDA	**EXIT** ['eksɪt]

EMPURRAR	**PUSH** [pʊʃ]
PUXAR	**PULL** [pʊl]
ABERTO	**OPEN** ['əʊpən]
FECHADO	**CLOSED** [kləʊzd]

PARA SENHORAS	**FOR WOMEN** [fə 'wɪmɪn]
PARA HOMENS	**FOR MEN** [fə men]
HOMENS, CAVALHEIROS (M)	**MEN, GENTS** [men, dʒents]
SENHORAS (F)	**WOMEN, LADIES** ['wɪmɪn, 'leɪdɪz]

DESCONTOS	**DISCOUNTS** ['dɪskaʊnts]
SALDOS	**SALE** [seɪl]
GRATUITO	**FREE** [fri:]
NOVIDADE!	**NEW!** [nju:!]
ATENÇÃO!	**ATTENTION!** [ə'tenʃn!]

NÃO HÁ VAGAS	**NO VACANCIES** [nəʊ 'veɪkənsɪz]
RESERVADO	**RESERVED** [rɪ'zɜ:vd]
ADMINISTRAÇÃO	**ADMINISTRATION** [ədmɪnɪ'streɪʃn]
ACESSO RESERVADO	**STAFF ONLY** [stɑ:f 'əʊnli]

CUIDADO COM O CÃO	**BEWARE OF THE DOG!** [bɪ'weər əv ðə dɒg!]
NÃO FUMAR!	**NO SMOKING!** [nəʊ 'sməʊkɪŋ!]
NÃO MEXER!	**DO NOT TOUCH!** [də nɒt tʌtʃ!]
PERIGOSO	**DANGEROUS** ['deɪndʒərəs]
PERIGO	**DANGER** ['deɪndʒə]
ALTA TENSÃO	**HIGH VOLTAGE** [haɪ 'vəʊltɪdʒ]
PROIBIDO NADAR	**NO SWIMMING!** [nəʊ 'swɪmɪŋ!]
FORA DE SERVIÇO	**OUT OF ORDER** [aʊt əv 'ɔːdə]
INFLAMÁVEL	**FLAMMABLE** ['flæməbl]
PROIBIDO	**FORBIDDEN** [fə'bɪdn]
PASSAGEM PROIBIDA	**NO TRESPASSING!** [nəʊ 'trespəsɪŋ!]
PINTADO DE FRESCO	**WET PAINT** [wet peɪnt]
FECHADO PARA OBRAS	**CLOSED FOR RENOVATIONS** [kləʊzd fə renə'veɪʃnz]
TRABALHOS NA VIA	**WORKS AHEAD** ['wɜːks ə'hed]
DESVIO	**DETOUR** ['diːtʊə]

Transportes. Frases gerais

avião	**plane** [pleɪn]
comboio	**train** [treɪn]
autocarro	**bus** [bʌs]
ferri	**ferry** ['feri]
táxi	**taxi** ['tæksi]
carro	**car** [kɑː]

horário	**schedule** ['ʃedjuːl]
Onde posso ver o horário?	**Where can I see the schedule?** [weə kən aɪ siː ðə 'ʃedjuːl?]
dias de trabalho	**workdays** ['wɜːkdeɪz]
fins de semana	**weekends** [wiːk'endz]
férias	**holidays** ['hɒlədeɪz]

PARTIDA	**DEPARTURE** [dɪ'pɑːtʃə]
CHEGADA	**ARRIVAL** [ə'raɪvl]
ATRASADO	**DELAYED** [dɪ'leɪd]
CANCELADO	**CANCELED** ['kænsəld]

próximo (comboio, etc.)	**next** [nɛkst]
primeiro	**first** [fɜːst]
último	**last** [lɑːst]

Quando é o próximo …?	**When is the next …?** [wen ɪz ðə nɛkst …?]
Quando é o primeiro …?	**When is the first …?** [wen ɪz ðə fɜːst …?]

Quando é o último …?

When is the last …?
[wen ɪz ðə lɑːst …?]

transbordo

transfer
['trænsfɜ:]

fazer o transbordo

to make a transfer
[tə meɪk ə 'trænsfɜ:]

Preciso de fazer o transbordo?

Do I need to make a transfer?
[də aɪ niːd tə meɪk ə 'trænsfɜ:?]

Comprando bilhetes

Onde posso comprar bilhetes?
Where can I buy tickets?
[weə kən aɪ baɪ 'tɪkɪts?]

bilhete
ticket
['tɪkɪt]

comprar um bilhete
to buy a ticket
[tə baɪ ə 'tɪkɪt]

preço do bilhete
ticket price
['tɪkɪt praɪs]

Para onde?
Where to?
[weə tu:?]

Para que estação?
To what station?
[tə wɒt steɪʃn?]

Preciso de ...
I need ...
[aɪ ni:d ...]

um bilhete
one ticket
[wʌn 'tɪkɪt]

dois bilhetes
two tickets
[tu: 'tɪkɪts]

três bilhetes
three tickets
[θri: 'tɪkɪts]

só de ida
one-way
[wʌn'weɪ]

de ida e volta
round-trip
[ra:wnd trɪp]

primeira classe
first class
[fɜ:st klɑ:s]

segunda classe
second class
['sekənd klɑ:s]

hoje
today
[tə'deɪ]

amanhã
tomorrow
[tə'mɒrəʊ]

depois de amanhã
the day after tomorrow
[ðə deɪ 'ɑ:ftə tə'mɒrəʊ]

de manhã
in the morning
[ɪn ðə 'mɔ:nɪŋ]

à tarde
in the afternoon
[ɪn ði ɑ:ftə'nu:n]

ao fim da tarde
in the evening
[ɪn ði 'i:vnɪŋ]

lugar de corredor

aisle seat
[aɪl siːt]

lugar à janela

window seat
['wɪndəʊ siːt]

Quanto?

How much?
[haʊ mʌtʃ?]

Posso pagar com cartão de crédito?

Can I pay by credit card?
[kən aɪ peɪ baɪ 'kredɪt kɑːd?]

Autocarro

autocarro
bus
[bʌs]

camioneta (autocarro interurbano)
intercity bus
[ɪntə'sɪti bʌs]

paragem de autocarro
bus stop
[bʌs stɒp]

Onde é a paragem de autocarro
mais perto?
Where's the nearest bus stop?
[weəz ðə 'nɪərɪst bʌs stɒp?]

número
number
['nʌmbə]

Qual o autocarro que apanho para ...?
Which bus do I take to get to ...?
[wɪtʃ bʌs də aɪ teɪk tə get tə ...?]

Este autocarro vai até ...?
Does this bus go to ...?
[dəz ðɪs bʌs gəʊ tə ...?]

Com que frequência passam
os autocarros?
How frequent are the buses?
[haʊ frɪ'kwent ə ðə 'bʌsɪz?]

de 15 em 15 minutos
every 15 minutes
['evri fɪf'ti:n 'mɪnɪts]

de meia em meia hora
every half hour
['evri hɑ:f 'aʊə]

de hora a hora
every hour
['evri 'aʊə]

várias vezes ao dia
several times a day
['sevrəl taɪmz ə deɪ]

... vezes ao dia
... times a day
[... taɪmz ə deɪ]

horário
schedule
['ʃedju:l]

Onde posso ver o horário?
Where can I see the schedule?
[weə kən aɪ si: ðə 'ʃedju:l?]

Quando é o próximo autocarro?
When is the next bus?
[wen ɪz ðə nɛkst bʌs?]

Quando é o primeiro autocarro?
When is the first bus?
[wen ɪz ðə fɜ:st bʌs?]

Quando é o último autocarro?
When is the last bus?
[wen ɪz ðə lɑ:st bʌs?]

paragem
stop
[stɒp]

próxima paragem
next stop
[nɛkst stɒp]

última paragem	**last stop** [lɑːst stɒp]
Pare aqui, por favor.	**Stop here, please.** [stɒp hɪə, pliːz]
Desculpe, esta é a minha paragem.	**Excuse me, this is my stop.** [ɪkˈskjuːz miː, ðɪs ɪz maɪ stɒp]

Comboio

comboio	**train** [treɪn]
comboio sub-urbano	**suburban train** [sə'bɜ:bən treɪn]
comboio de longa distância	**long-distance train** ['lɒŋdɪstəns treɪn]
estação de comboio	**train station** [treɪn steɪʃn]
Desculpe, onde fica a saída para a plataforma?	**Excuse me, where is the exit to the platform?** [ɪk'skju:z mi:, weə ɪz ði 'eksɪt tə ðə 'plætfɔ:m?]

Este comboio vai até ...?	**Does this train go to ...?** [dəz ðɪs treɪn gəʊ tə ...?]
próximo comboio	**next train** [nɛkst treɪn]
Quando é o próximo comboio?	**When is the next train?** [wen ɪz ðə nɛkst treɪn?]
Onde posso ver o horário?	**Where can I see the schedule?** [weə kən aɪ si: ðə 'ʃedju:l?]
Apartir de que plataforma?	**From which platform?** [frəm wɪtʃ 'plætfɔ:m?]
Quando é que o comboio chega a ...?	**When does the train arrive in ...?** [wen dəz ðə treɪn ə'raɪv ɪn ...?]

Ajude-me, por favor.	**Please help me.** [pli:z help mi:]
Estou à procura do meu lugar.	**I'm looking for my seat.** [aɪm 'lʊkɪŋ fə maɪ si:t]
Nós estamos à procura dos nossos lugares.	**We're looking for our seats.** [wɪə 'lʊkɪŋ fə 'aʊə si:ts]
O meu lugar está ocupado.	**My seat is taken.** [maɪ si:t ɪs 'teɪkən]
Os nossos lugares estão ocupados.	**Our seats are taken.** ['aʊə si:ts ə 'teɪkən]

Peço desculpa mas este é o meu lugar.	**I'm sorry but this is my seat.** [aɪm 'sɒri bət ðɪs ɪz maɪ si:t]
Este lugar está ocupado?	**Is this seat taken?** [ɪz ðɪs si:t 'teɪkən?]
Posso sentar-me aqui?	**May I sit here?** [meɪ aɪ sɪt hɪə?]

No comboio. Diálogo (Sem bilhete)

Bilhete, por favor.
Ticket, please.
['tɪkɪt, pli:z]

Não tenho bilhete.
I don't have a ticket.
[aɪ dəʊnt hɛv ə 'tɪkɪt]

Perdi o meu bilhete.
I lost my ticket.
[aɪ lɒst maɪ 'tɪkɪt]

Esqueci-me do bilhete em casa.
I forgot my ticket at home.
[aɪ fə'gɒt maɪ 'tɪkɪt ət həʊm]

Pode comprar um bilhete a mim.
You can buy a ticket from me.
[ju kən baɪ ə 'tɪkɪt frəm mi:]

Terá também de pagar uma multa.
You will also have to pay a fine.
[ju wɪl 'ɔ:lsəʊ hɛv tə peɪ ə faɪn]

Está bem.
Okay.
[əʊ'keɪ]

Onde vai?
Where are you going?
[weər ə ju 'gəʊɪŋ?]

Eu vou para …
I'm going to …
[aɪm 'gəʊɪŋ tə …]

Quanto é? Eu não entendo.
How much? I don't understand.
[haʊ 'mʌtʃ? aɪ dəʊnt ʌndə'stænd]

Escreva, por favor.
Write it down, please.
['raɪt ɪt daʊn, pli:z]

Está bem. Posso pagar com cartão de crédito?
Okay. Can I pay with a credit card?
[əʊ'keɪ. kən aɪ peɪ wɪð ə 'kredɪt kɑ:d?]

Sim, pode.
Yes, you can.
[jes, ju kæn]

Aqui tem a sua fatura.
Here's your receipt.
[hɪəz jɔ: rɪ'si:t]

Desculpe pela multa.
Sorry about the fine.
['sɒri ə'baʊt ðə faɪn]

Não tem mal. A culpa foi minha.
That's okay. It was my fault.
[ðæts əʊ'keɪ. ɪt wəz maɪ fɔ:t]

Desfrute da sua viagem.
Enjoy your trip.
[ɪn'dʒɔɪ jɔ: trɪp]

Taxi

táxi	**taxi** ['tæksi]
taxista	**taxi driver** ['tæksi 'draɪvə]
apanhar um táxi	**to catch a taxi** [tə kætʃ ə 'tæksi]
paragem de táxis	**taxi stand** ['tæksi stænd]
Onde posso apanhar um táxi?	**Where can I get a taxi?** [weə kən aɪ get ə 'tæksi?]
chamar um táxi	**to call a taxi** [tə kɔːl ə 'tæksi]
Preciso de um táxi.	**I need a taxi.** [aɪ niːd ə 'tæksi]
Agora.	**Right now.** [raɪt naʊ]
Qual é a sua morada?	**What is your address (location)?** ['wɒts jɔːr ə'dres (ləʊ'keɪʃn)?]
A minha morada é ...	**My address is ...** [maɪ ə'dres ɪz ...]
Qual o seu destino?	**Your destination?** [jɔː destɪ'neɪʃn?]
Desculpe, ...	**Excuse me, ...** [ɪk'skjuːz miː, ...]
Está livre?	**Are you available?** [ə ju ə'veɪləbl?]
Em quanto fica a corrida até ...?	**How much is it to get to ...?** [haʊ 'mʌtʃ ɪz ɪt tə get tə ...?]
Sabe onde é?	**Do you know where it is?** [də ju nəʊ weər ɪt ɪz?]
Para o aeroporto, por favor.	**Airport, please.** ['eəpɔːt, pliːz]
Pare aqui, por favor.	**Stop here, please.** [stɒp hɪə, pliːz]
Não é aqui.	**It's not here.** [ɪts nɒt hɪə]
Esta morada está errada. (Não é aqui)	**This is the wrong address.** [ðɪs ɪz ðə rɒŋ ə'dres]
Vire à esquerda.	**Turn left.** [tɜːn left]
Vire à direita.	**Turn right.** [tɜːn raɪt]

Quanto lhe devo?

How much do I owe you?
[haʊ 'mʌtʃ də aɪ əʊ ju?]

Queria fatura, por favor.

I'd like a receipt, please.
[aɪd laɪk ə rɪ'siːt, pliːz]

Fique com o troco.

Keep the change.
[kiːp ðə tʃeɪndʒ]

Espere por mim, por favor.

Would you please wait for me?
[wʊd ju pliːz weɪt fə miː?]

5 minutos

five minutes
[faɪv 'mɪnɪts]

10 minutos

ten minutes
[ten 'mɪnɪts]

15 minutos

fifteen minutes
[fɪf'tiːn 'mɪnɪts]

20 minutos

twenty minutes
['twenti 'mɪnɪts]

meia hora

half an hour
[hɑːf ən 'aʊə]

Hotel

Olá!	**Hello.** [hə'ləʊ]
Chamo-me ...	**My name is ...** [maɪ neɪm ɪz ...]
Tenho uma reserva.	**I have a reservation.** [aɪ hɛv ə rezə'veɪʃn]
Preciso de ...	**I need ...** [aɪ niːd ...]
um quarto de solteiro	**a single room** [ə sɪŋgl ruːm]
um quarto de casal	**a double room** [ə dʌbl ruːm]
Quanto é?	**How much is that?** [haʊ 'mʌtʃ ɪz ðæt?]
Está um pouco caro.	**That's a bit expensive.** [ðæts ə bɪt ɪk'spensɪv]
Não tem outras opções?	**Do you have any other options?** [də ju hɛv 'eni 'ʌðər ɒpʃnz?]
Eu fico com ele.	**I'll take it.** [aɪl teɪk ɪt]
Eu pago em dinheiro.	**I'll pay in cash.** [aɪl peɪ ɪn kæʃ]
Tenho um problema.	**I've got a problem.** [aɪv gɒt ə 'prɒbləm]
O meu ... está partido /A minha ... está partida/.	**My ... is broken.** [maɪ ... ɪz 'brəʊkən]
O meu ... está avariado /A minha ... está avariada/.	**My ... is out of order.** [maɪ ... ɪz aʊt əv 'ɔːdə]
televisor (m)	**TV** [tiː'viː]
ar condicionado (m)	**air conditioning** [eə kən'dɪʃnɪŋ]
torneira (f)	**tap** [tæp]
duche (m)	**shower** ['ʃaʊə]
lavatório (m)	**sink** [sɪŋk]
cofre (m)	**safe** [seɪf]

fechadura (f)	**door lock** [dɔː lɒk]
tomada elétrica (f)	**electrical outlet** [ɪ'lektrɪkl 'aʊtlet]
secador de cabelo (m)	**hairdryer** ['heədraɪə]

Não tenho …	**I don't have …** [aɪ 'dəʊnt hɛv …]
água	**water** ['wɔːtə]
luz	**light** [laɪt]
eletricidade	**electricity** [ɪlek'trɪsɪti]

Pode dar-me …?	**Can you give me …?** [kən ju gɪv mi: …?]
uma toalha	**a towel** [ə 'taʊəl]
um cobertor	**a blanket** [ə 'blæŋkɪt]
uns chinelos	**slippers** ['slɪpəz]
um roupão	**a robe** [ə rəʊb]
algum champô	**shampoo** [ʃæm'puː]
algum sabonete	**soap** [səʊp]

Gostaria de trocar de quartos.	**I'd like to change rooms.** [aɪd laɪk tə tʃeɪndʒ ruːmz]
Não consigo encontrar a minha chave.	**I can't find my key.** [aɪ kɑːnt faɪnd maɪ kiː]
Abra-me o quarto, por favor.	**Could you open my room, please?** [kəd ju 'əʊpən maɪ ruːm, pliːz?]
Quem é?	**Who's there?** [huːz ðeə?]
Entre!	**Come in!** [kʌm 'ɪn!]
Um minuto!	**Just a minute!** [dʒəst ə 'mɪnɪt!]
Agora não, por favor.	**Not right now, please.** [nɒt raɪt naʊ, pliːz]

Venha ao meu quarto, por favor.	**Come to my room, please.** [kʌm tə maɪ ruːm, pliːz]
Gostaria de encomendar comida.	**I'd like to order food service.** [aɪd laɪk tu 'ɔːdə fuːd 'sɜːvɪs]
O número do meu quarto é …	**My room number is …** [maɪ ruːm 'nʌmbə iz …]

Estou de saída ...	**I'm leaving ...** [aɪm 'li:vɪŋ ...]
Estamos de saída ...	**We're leaving ...** [wɪə 'li:vɪŋ ...]
agora	**right now** [raɪt naʊ]
esta tarde	**this afternoon** [ðɪs ɑ:ftə'nu:n]
hoje à noite	**tonight** [tə'naɪt]
amanhã	**tomorrow** [tə'mɒrəʊ]
amanhã de manhã	**tomorrow morning** [tə'mɒrəʊ 'mɔ:nɪŋ]
amanhã ao fim da tarde	**tomorrow evening** [tə'mɒrəʊ 'i:vnɪŋ]
depois de amanhã	**the day after tomorrow** [ðə deɪ 'ɑ:ftə tə'mɒrəʊ]

Gostaria de pagar.	**I'd like to pay.** [aɪd 'laɪk tə peɪ]
Estava tudo maravilhoso.	**Everything was wonderful.** ['evrɪθɪŋ wəz 'wʌndəfəl]
Onde posso apanhar um táxi?	**Where can I get a taxi?** [weə kən aɪ get ə 'tæksi?]
Pode me chamar um táxi, por favor?	**Would you call a taxi for me, please?** [wʊd ju kɔ:l ə 'tæksi fə mi:, pli:z?]

Restaurante

Posso ver o menu, por favor?

Can I look at the menu, please?
[kən aɪ lʊk ət ðə 'menju:, pli:z?]

Mesa para um.

Table for one.
['teɪbl fə wʌn]

Somos dois (três, quatro).

There are two (three, four) of us.
[ðər ə tu: (θri:, fɔ:r) əv'ʌs]

Para fumadores

Smoking
['sməʊkɪŋ]

Para não fumadores

No smoking
[nəʊ 'sməʊkɪŋ]

Por favor!

Excuse me!
[ɪk'skju:z mi:!]

menu

menu
['menju:]

lista de vinhos

wine list
[waɪn lɪst]

O menu, por favor.

The menu, please.
[ðə 'menju:, pli:z]

Já escolheu?

Are you ready to order?
[ə ju 'redi tu 'ɔːdə?]

O que vai tomar?

What will you have?
[wɒt wɪl ju hæv?]

Eu quero …

I'll have …
[aɪl hɛv …]

Eu sou vegetariano /vegetariana/.

I'm a vegetarian.
[aɪm ə vedʒɪ'teərɪən]

carne

meat
[mi:t]

peixe

fish
[fɪʃ]

vegetais

vegetables
['vedʒɪtəblz]

Tem pratos vegetarianos?

Do you have vegetarian dishes?
[də ju hɛv vedʒɪ'teərɪən 'dɪʃɪz?]

Não como porco.

I don't eat pork.
[aɪ dəʊnt i:t pɔ:k]

Ele /ela/ não come porco.

He /she/ doesn't eat meat.
[hi /ʃi/ 'dʌznt i:t mi:t]

Sou alérgico /alérgica/ a …

I am allergic to …
[aɪ əm ə'lɜːdʒɪk tə …]

Por favor, pode trazer-me ...?

Would you please bring me ...
[wʊd ju pliːz brɪŋ miː ...]

sal | pimenta | açucar

salt | pepper | sugar
[sɔːlt | 'pepə | 'ʃʊgə]

café | chá | sobremesa

coffee | tea | dessert
['kɒfi | tiː | dɪ'zɜːt]

água | com gás | sem gás

water | sparkling | plain
['wɔːtə | 'spɑːklɪŋ | pleɪn]

uma colher | um garfo | uma faca

spoon | fork | knife
[spuːn | fɔːk | naɪf]

um prato | um guardanapo

plate | napkin
[pleɪt | 'næpkɪn]

Bom apetite!

Enjoy your meal!
[ɪn'dʒɔɪ jɔː miːl!]

Mais um, por favor.

One more, please.
[wʌn mɔː, pliːz]

Estava delicioso.

It was very delicious.
[ɪt wəz 'veri dɪ'lɪʃəs]

---

conta | troco | gorjeta

check | change | tip
[tʃek | tʃeɪndʒ | tɪp]

A conta, por favor.

Check, please.
[tʃek, pliːz]

Posso pagar com cartão de crédito?

Can I pay by credit card?
[kən aɪ peɪ baɪ 'kredɪt kɑːd?]

Desculpe, mas tem um erro aqui.

I'm sorry, there's a mistake here.
[aɪm 'sɒri, ðeəz ə mɪ'steɪk hɪə]

Centro Comercial

Posso ajudá-lo /ajudá-la/? | **Can I help you?**
[kən aɪ help ju?]

Tem ...? | **Do you have ...?**
[də ju hɛv ...?]

Estou à procura de ... | **I'm looking for ...**
[aɪm 'lʊkɪŋ fə ...]

Preciso de ... | **I need ...**
[aɪ niːd ...]

Estou só a ver. | **I'm just looking.**
[aɪm dʒəst 'lʊkɪŋ]

Estamos só a ver. | **We're just looking.**
[wɪə dʒəst 'lʊkɪŋ]

Volto mais tarde. | **I'll come back later.**
[aɪl kʌm bæk 'leɪtə]

Voltamos mais tarde. | **We'll come back later.**
[wil kʌm bæk 'leɪtə]

descontos | saldos | **discounts | sale**
[dɪs'kaʊnts | seɪl]

Mostre-me, por favor ... | **Would you please show me ...**
[wʊd ju pliːz ʃəʊ mi: ...]

Dê-me, por favor ... | **Would you please give me ...**
[wʊd ju pliːz gɪv mi: ...]

Posso experimentar? | **Can I try it on?**
[kən aɪ traɪ ɪt ɒn?]

Desculpe, onde fica a cabine de prova? | **Excuse me, where's the fitting room?**
[ɪk'skjuːz mi:, weəz ðə 'fɪtɪŋ ruːm?]

Que cor prefere? | **Which color would you like?**
[wɪtʃ 'kʌlər wʊd ju 'laɪk?]

tamanho | cvomprimento | **size | length**
[saɪz | leŋθ]

Como lhe fica? | **How does it fit?**
[haʊ dəz ɪt fɪt?]

Quanto é que isto custa? | **How much is it?**
[haʊ 'mʌtʃ ɪz ɪt?]

É muito caro. | **That's too expensive.**
[ðæts tu: ɪk'spensɪv]

Eu fico com ele. | **I'll take it.**
[aɪl teɪk ɪt]

Desculpe, onde fica a caixa? | **Excuse me, where do I pay?**
[ɪk'skjuːz mi:, weə də aɪ peɪ?]

Vai pagar a dinheiro ou com cartão de crédito?

Will you pay in cash or credit card?
[wɪl ju peɪ ɪn kæʃ ɔː 'kredɪt kɑːd?]

A dinheiro | com cartão de crédito

In cash | with credit card
[ɪn kæʃ | wɪð 'kredɪt kɑːd]

Pretende fatura?

Do you want the receipt?
[də ju wɒnt ðə rɪ'siːt?]

Sim, por favor.

Yes, please.
[jes, pliːz]

Não. Está bem!

No, it's OK.
[nəʊ, ɪts əʊ'keɪ]

Obrigado /Obrigada/.
Tenha um bom dia!

Thank you. Have a nice day!
[θæŋk ju. hɛv ə naɪs deɪ!]

Na cidade

Desculpe, por favor ...

Excuse me, please.
[ɪk'skjuːz miː, pliːz]

Estou à procura ...

I'm looking for ...
[aɪm 'lʊkɪŋ fə ...]

---

do metro

the subway
[ðə 'sʌbweɪ]

do meu hotel

my hotel
[maɪ həʊ'tel]

do cinema

the movie theater
[ðə 'muːvi 'θiːətə]

da praça de táxis

a taxi stand
[ə 'tæksi stænd]

---

do multibanco

an ATM
[ən eɪti:'em]

de uma casa de câmbio

a foreign exchange office
[ə 'fɒrən ɪk'stʃeɪndʒ 'ɒfɪs]

de um café internet

an internet café
[ən 'ɪntənet 'kæfeɪ]

da rua ...

... street
[... striːt]

deste lugar

this place
[ðɪs 'pleɪs]

Sabe dizer-me onde fica ...?

Do you know where ... is?
[də ju nəʊ weə ... ɪz?]

Como se chama esta rua?

Which street is this?
[wɪtʃ striːt ɪs ðɪs?]

Mostre-me onde estamos de momento.

Show me where we are right now.
[ʃəʊ miː weə wi ə raɪt naʊ]

Posso ir até lá a pé?

Can I get there on foot?
[kən aɪ get ðər ɒn fʊt?]

Tem algum mapa da cidade?

Do you have a map of the city?
[də ju hɛv ə mæp əv ðə 'sɪti?]

Quanto custa a entrada?

How much is a ticket to get in?
[haʊ 'mʌtʃ ɪz ə 'tɪkɪt tə get ɪn?]

Pode-se fotografar aqui?

Can I take pictures here?
[kən aɪ teɪk 'pɪktʃəz hɪə?]

Estão abertos?

Are you open?
[ə ju 'əʊpən?]

A que horas abrem?

When do you open?
[wen də ju 'əʊpən?]

A que horas fecham?

When do you close?
[wen də ju kləʊz?]

Dinheiro

dinheiro	**money** ['mʌni]
a dinheiro	**cash** [kæʃ]
dinheiro de papel	**paper money** ['peɪpə 'mʌni]
troco	**loose change** [luːs tʃeɪndʒ]
conta | troco | gorjeta	**check | change | tip** [tʃek | tʃeɪndʒ | tɪp]
cartão de crédito	**credit card** ['kredɪt kɑːd]
carteira	**wallet** ['wɒlɪt]
comprar	**to buy** [tə baɪ]
pagar	**to pay** [tə peɪ]
multa	**fine** [faɪn]
gratuito	**free** [friː]
Onde é que posso comprar ...?	**Where can I buy ...?** [weə kən aɪ baɪ ...?]
O banco está aberto agora?	**Is the bank open now?** [ɪz ðə bæŋk 'əʊpən naʊ?]
Quando abre?	**When does it open?** [wen dəz ɪt 'əʊpən?]
Quando fecha?	**When does it close?** [wen dəz ɪt kləʊz?]
Quanto?	**How much?** [haʊ 'mʌtʃ?]
Quanto custa isto?	**How much is this?** [haʊ 'mʌtʃ ɪz ðɪs?]
É muito caro.	**That's too expensive.** [ðæts tuː ɪk'spensɪv]
Desculpe, onde fica a caixa?	**Excuse me, where do I pay?** [ɪk'skjuːz miː, weə də aɪ peɪ?]
A conta, por favor.	**Check, please.** [tʃek, pliːz]

Posso pagar com cartão de crédito?	**Can I pay by credit card?** [kən aɪ peɪ baɪ 'kredɪt kɑːd?]
Há algum Multibanco aqui?	**Is there an ATM here?** [ɪz ðər ən eɪtiː'em hɪə?]
Estou à procura de um Multibanco.	**I'm looking for an ATM.** [aɪm 'lʊkɪŋ fər ən eɪtiː'em]

Estou à procura de uma casa de câmbio.	**I'm looking for a foreign exchange office.** [aɪm 'lʊkɪŋ fər ə 'fɒrən ɪk'stʃeɪndʒ 'ɒfɪs]
Eu gostaria de trocar ...	**I'd like to change ...** [aɪd laɪk tə tʃeɪndʒ ...]
Qual a taxa de câmbio?	**What is the exchange rate?** [wɒts ði ɪk'stʃeɪndʒ reɪt?]
Precisa do meu passaporte?	**Do you need my passport?** [də ju niːd maɪ 'pɑːspɔːt?]

Tempo

Que horas são?	**What time is it?** [wɒt taɪm ɪz ɪt?]
Quando?	**When?** [wen?]
A que horas?	**At what time?** [ət wɒt taɪm?]
agora | mais tarde | depois …	**now | later | after …** [naʊ | 'leɪtə | 'ɑːftə …]

uma em ponto	**one o'clock** [wʌn ə'klɒk]
uma e quinze	**one fifteen** [wʌn fɪf'tiːn]
uma e trinta	**one thirty** [wʌn 'θɜːti]
uma e quarenta e cinco	**one forty-five** [wʌn 'fɔːti faɪv]

um | dois | três	**one | two | three** [wʌn | tuː | θriː]
quatro | cinco | seis	**four | five | six** [fɔː | faɪv | sɪks]
set | oito | nove	**seven | eight | nine** [sevn | eɪt | naɪn]
dez | onze | doze	**ten | eleven | twelve** [ten | ɪ'levn | twelv]

dentro de …	**in …** [ɪn …]
5 minutos	**five minutes** [faɪv 'mɪnɪts]
10 minutos	**ten minutes** [ten 'mɪnɪts]
15 minutos	**fifteen minutes** [fɪf'tiːn 'mɪnɪts]
20 minutos	**twenty minutes** ['twenti 'mɪnɪts]

meia hora	**half an hour** [hɑːf ən 'aʊə]
uma hora	**an hour** [ən 'aʊə]

de manhã	**in the morning** [ɪn ðə 'mɔːnɪŋ]
de manhã cedo	**early in the morning** ['ɜːli ɪn ðə 'mɔːnɪŋ]
esta manhã	**this morning** [ðɪs 'mɔːnɪŋ]
amanhã de manhã	**tomorrow morning** [tə'mɒrəʊ 'mɔːnɪŋ]
ao meio-dia	**at noon** [ət nuːn]
à tarde	**in the afternoon** [ɪn ði ɑːftə'nuːn]
à noite (das 18h às 24h)	**in the evening** [ɪn ði 'iːvnɪŋ]
esta noite	**tonight** [tə'naɪt]
à noite (da 0h às 6h)	**at night** [ət naɪt]
ontem	**yesterday** ['jestədi]
hoje	**today** [tə'deɪ]
amanhã	**tomorrow** [tə'mɒrəʊ]
depois de amanhã	**the day after tomorrow** [ðə deɪ 'ɑːftə tə'mɒrəʊ]
Que dia é hoje?	**What day is it today?** [wɒt deɪ ɪz ɪt tə'deɪ?]
Hoje é …	**It's …** [ɪts …]
segunda-feira	**Monday** ['mʌndɪ]
terça-feira	**Tuesday** ['tjuːzdi]
quarta-feira	**Wednesday** ['wenzdɪ]
quinta-feira	**Thursday** ['θɜːzdɪ]
sexta-feira	**Friday** ['fraɪdɪ]
sábado	**Saturday** ['sætədɪ]
domingo	**Sunday** ['sʌndɪ]

Saudações. Apresentações

Olá!

Hello.
[həˈləʊ]

Prazer em conhecê-lo /conhecê-la/.

Pleased to meet you.
[pliːzd tə miːt ju]

O prazer é todo meu.

Me too.
[mi: tu:]

Apresento-lhe …

I'd like you to meet …
[aɪd laɪk ju tə miːt …]

Muito prazer.

Nice to meet you.
[naɪs tə miːt ju]

Como está?

How are you?
[haʊ ə ju?]

Chamo-me …

My name is …
[maɪ neɪm ɪz …]

Ele chama-se …

His name is …
[hɪz neɪm ɪz …]

Ela chama-se …

Her name is …
[hə neɪm ɪz …]

Como é que o senhor /a senhora/
se chama?

What's your name?
[wɒts jɔ: neɪm?]

Como é que ela se chama?

What's his name?
[wɒts ɪz neɪm?]

Como é que ela se chama?

What's her name?
[wɒts hə neɪm?]

Qual o seu apelido?

What's your last name?
[wɒts jɔ: lɑːst neɪm?]

Pode chamar-me …

You can call me …
[ju kən kɔːl mi: …]

De onde é?

Where are you from?
[weər ə ju frɒm?]

Sou de …

I'm from …
[aɪm frəm …]

O que faz na vida?

What do you do for a living?
[wɒt də ju də fər ə ˈlɪvɪŋ?]

Quem é este?

Who is this?
[hu: ɪz ðɪs?]

Quem é ele?

Who is he?
[hu: ɪz hi?]

Quem é ela?

Who is she?
[hu: ɪz ʃi?]

Quem são eles?

Who are they?
[hu: ə ðeɪ?]

Este é ...	**This is ...** [ðɪs ɪz ...]
o meu amigo	**my friend** [maɪ frend]
a minha amiga	**my friend** [maɪ frend]
o meu marido	**my husband** [maɪ 'hʌzbənd]
a minha mulher	**my wife** [maɪ waɪf]
o meu pai	**my father** [maɪ 'fɑːðə]
a minha mãe	**my mother** [maɪ 'mʌðə]
o meu irmão	**my brother** [maɪ 'brʌðə]
a minha irmã	**my sister** [maɪ 'sɪstə]
o meu filho	**my son** [maɪ sʌn]
a minha filha	**my daughter** [maɪ 'dɔːtə]
Este é o nosso filho.	**This is our son.** [ðɪs ɪz 'aʊə sʌn]
Este é a nossa filha.	**This is our daughter.** [ðɪs ɪz 'aʊə 'dɔːtə]
Estes são os meus filhos.	**These are my children.** [ðiːz ə maɪ 'tʃɪldrən]
Estes são os nossos filhos.	**These are our children.** [ðiːz ə 'aʊə 'tʃɪldrən]

Despedidas

Adeus!	**Good bye!** [gʊd baɪ!]
Tchau!	**Bye!** [baɪ!]
Até amanhã.	**See you tomorrow.** [si: ju təˈmɒrəʊ]
Até breve.	**See you soon.** [si: ju su:n]
Até às sete.	**See you at seven.** [si: ju ət sevn]

Diverte-te!	**Have fun!** [hɛv fʌn!]
Falamos mais tarde.	**Talk to you later.** [tɔːk tə ju ˈleɪtə]
Bom fim de semana.	**Have a nice weekend.** [hɛv ə naɪs wiːkˈend]
Boa noite.	**Good night.** [gʊd naɪt]

Está na hora.	**It's time for me to go.** [ɪts taɪm fə mi: tə gəʊ]
Preciso de ir embora.	**I have to go.** [aɪ hɛv tə gəʊ]
Volto já.	**I will be right back.** [aɪ wɪl bi raɪt bæk]

Já é tarde.	**It's late.** [ɪts leɪt]
Tenho de me levantar cedo.	**I have to get up early.** [aɪ hɛv tə get ˈʌp ˈɜːli]
Vou-me embora amanhã.	**I'm leaving tomorrow.** [aɪm ˈliːvɪŋ təˈmɒrəʊ]
Vamos embora amanhã.	**We're leaving tomorrow.** [wɪə ˈliːvɪŋ təˈmɒrəʊ]

Boa viagem!	**Have a nice trip!** [hɛv ə naɪs trɪp!]
Tive muito prazer em conhecer-vos.	**It was nice meeting you.** [ɪt wəz naɪs ˈmiːtɪŋ ju]
Foi muito agradável falar consigo.	**It was nice talking to you.** [ɪt wəz naɪs ˈtɔːkɪŋ tə ju]
Obrigado /Obrigada/ por tudo.	**Thanks for everything.** [θæŋks fər ˈevrɪθɪŋ]

Passei um tempo muito agradável.

I had a very good time.
[aɪ həd ə 'veri gʊd taɪm]

Passámos um tempo muito agradável.

We had a very good time.
[wi həd ə 'veri gʊd taɪm]

Foi mesmo fantástico.

It was really great.
[ɪt wəz 'rɪəli greɪt]

Vou ter saudades suas.

I'm going to miss you.
[aɪm 'gəʊɪŋ tə mɪs ju]

Vamos ter saudades suas.

We're going to miss you.
[wɪə 'gəʊɪŋ tə mɪs ju]

Boa sorte!

Good luck!
[gʊd lʌk!]

Dê cumprimentos a ...

Say hi to ...
[seɪ haɪ tə ...]

Língua estrangeira

Eu não entendo.	**I don't understand.** [aɪ dəʊnt ʌndə'stænd]
Escreva isso, por favor.	**Write it down, please.** [raɪt ɪt daʊn, pliːz]
O senhor /a senhora/ fala ...?	**Do you speak ...?** [də ju spiːk ...?]

Eu falo um pouco de ...	**I speak a little bit of ...** [aɪ spiːk ə lɪtl bɪt əv ...]
Inglês	**English** ['ɪŋglɪʃ]
Turco	**Turkish** ['tɜːkɪʃ]
Árabe	**Arabic** ['ærəbɪk]
Francês	**French** [frentʃ]

Alemão	**German** ['dʒɜːmən]
Italiano	**Italian** [ɪ'tæljən]
Espanhol	**Spanish** ['spænɪʃ]
Português	**Portuguese** [pɔːtʃʊ'giːz]
Chinês	**Chinese** [tʃaɪ'niːz]
Japonês	**Japanese** [dʒæpə'niːz]

Pode repetir isso, por favor.	**Can you repeat that, please.** [kən ju rɪ'piːt ðæt, pliːz]
Compreendo.	**I understand.** [aɪ ʌndə'stænd]
Eu não entendo.	**I don't understand.** [aɪ dəʊnt ʌndə'stænd]
Por favor fale mais devagar.	**Please speak more slowly.** [pliːz spiːk mɔː 'sləʊli]

Isso está certo?	**Is that correct?** [ɪz ðæt kə'rekt?]
O que é isto? (O que significa?)	**What is this?** [wɒts ðɪs?]

Desculpas

Desculpe-me, por favor.	**Excuse me, please.** [ɪk'skjuːz miː, pliːz]
Lamento.	**I'm sorry.** [aɪm 'sɒri]
Tenho muita pena.	**I'm really sorry.** [aɪm 'rɪəli 'sɒri]
Desculpe, a culpa é minha.	**Sorry, it's my fault.** ['sɒri, ɪts maɪ fɔːt]
O erro foi meu.	**My mistake.** [maɪ mɪ'steɪk]
Posso ...?	**May I ...?** [meɪ aɪ ...?]
O senhor /a senhora/ não se importa se eu ...?	**Do you mind if I ...?** [də ju maɪnd ɪf aɪ ...?]
Não faz mal.	**It's OK.** [ɪts əʊ'keɪ]
Está tudo em ordem.	**It's all right.** [ɪts ɔːl raɪt]
Não se preocupe.	**Don't worry about it.** [dəʊnt 'wʌri ə'baʊt ɪt]

Acordo

Sim.	**Yes.** [jes]
Sim, claro.	**Yes, sure.** [jes, ʃʊə]
Está bem!	**OK (Good!)** [əʊ'keɪ (gʊd!)]
Muito bem.	**Very well.** ['veri wel]
Claro!	**Certainly!** ['sɜːtnli!]
Concordo.	**I agree.** [aɪ ə'griː]

Certo.	**That's correct.** [ðæts kə'rekt]
Correto.	**That's right.** [ðæts raɪt]
Tem razão.	**You're right.** [jʊə raɪt]
Eu não me oponho.	**I don't mind.** [aɪ dəʊnt maɪnd]
Absolutamente certo.	**Absolutely right.** ['æbsəluːtli raɪt]

É possível.	**It's possible.** [ɪts 'pɒsəbl]
É uma boa ideia.	**That's a good idea.** [ðæts ə gʊd aɪ'dɪə]
Não posso recusar.	**I can't say no.** [aɪ kɑːnt 'seɪ nəʊ]
Terei muito gosto.	**I'd be happy to.** [aɪd bi 'hæpi tuː]
Com prazer.	**With pleasure.** [wɪð 'pleʒə]

Recusa. Expressão de dúvida

Não.
No.
[nəʊ]

Claro que não.
Certainly not.
['sɜ:tnli nɒt]

Não concordo.
I don't agree.
[aɪ dəʊnt ə'gri:]

Não creio.
I don't think so.
[aɪ dəʊnt 'θɪŋk 'səʊ]

Isso não é verdade.
It's not true.
[ɪts nɒt tru:]

O senhor /a senhora/ não tem razão.
You are wrong.
[ju ə rɒŋ]

Acho que o senhor /a senhora/ não tem razão.
I think you are wrong.
[aɪ θɪŋk ju ə rɒŋ]

Não tenho a certeza.
I'm not sure.
[aɪm nɒt ʃʊə]

É impossível.
It's impossible.
[ɪts ɪm'pɒsəbl]

De modo algum!
No way!
[nəʊ 'weɪ!]

Exatamente o contrário.
The exact opposite.
[ði ɪg'zækt 'ɒpəzɪt]

Sou contra.
I'm against it.
[aɪm ə'genst ɪt]

Não me importo.
I don't care.
[aɪ dəʊnt 'keə]

Não faço ideia.
I have no idea.
[aɪ hɛv nəʊ aɪ'dɪə]

Não creio.
I doubt that.
[aɪ daʊt ðɛt]

Desculpe, mas não posso.
Sorry, I can't.
['sɒri, aɪ kɑ:nt]

Desculpe, mas não quero.
Sorry, I don't want to.
['sɒri, aɪ dəʊnt wɒnt tu:]

Desculpe, não quero isso.
Thank you, but I don't need this.
[θæŋk ju, bət aɪ dəʊnt ni:d ðɪs]

Já é muito tarde.
It's late.
[ɪts leɪt]

Tenho de me levantar cedo.

I have to get up early.
[aɪ hɛv tə get 'ʌp 'ɜːli]

Não me sinto bem.

I don't feel well.
[aɪ dəʊnt fiːl wel]

Expressão de gratidão

Obrigado /Obrigada/.	**Thank you.** [θæŋk ju]
Muito obrigado /obrigada/.	**Thank you very much.** [θæŋk ju 'veri 'mʌtʃ]
Fico muito grato /grata/.	**I really appreciate it.** [aɪ 'rɪəli ə'priːʃeɪt ɪt]
Estou-lhe muito reconhecido.	**I'm really grateful to you.** [aɪm 'rɪəli 'greɪtfəl tə ju]
Estamos-lhe muito reconhecidos.	**We are really grateful to you.** [wi ə 'rɪəli 'greɪtfəl tə ju]

Obrigado /Obrigada/ pelo seu tempo.	**Thank you for your time.** [θæŋk ju fə jɔː taɪm]
Obrigado /Obrigada/ por tudo.	**Thanks for everything.** [θæŋks fər 'evrɪθɪŋ]
Obrigado /Obrigada/ ...	**Thank you for …** [θæŋk ju fə …]
... pela sua ajuda	**your help** [jɔː help]
... por este tempo bem passado	**a nice time** [ə naɪs taɪm]

... pela comida deliciosa	**a wonderful meal** [ə 'wʌndəfəl miːl]
... por esta noite agradável	**a pleasant evening** [ə pleznt 'iːvnɪŋ]
... pelo dia maravilhoso	**a wonderful day** [ə 'wʌndəfəl deɪ]
... pela jornada fantástica	**an amazing journey** [ən ə'meɪzɪŋ 'dʒɜːni]

Não tem de quê.	**Don't mention it.** [dəʊnt menʃn ɪt]
Não precisa agradecer.	**You are welcome.** [ju ə 'welkəm]
Disponha sempre.	**Any time.** ['eni taɪm]
Foi um prazer ajudar.	**My pleasure.** [maɪ 'pleʒə]
Esqueça isso.	**Forget it. It's alright.** [fə'get ɪt. its əlraɪt]
Não se preocupe.	**Don't worry about it.** [dəʊnt 'wʌri ə'baʊt ɪt]

Parabéns. Cumprimentos

Parabéns!

Congratulations!
[kəngrætʊ'leɪʃnz!]

Feliz aniversário!

Happy birthday!
['hæpi 'bɜ:θdeɪ!]

Feliz Natal!

Merry Christmas!
['meri 'krɪsməs!]

Feliz Ano Novo!

Happy New Year!
['hæpi nju: 'jiə!]

Feliz Páscoa!

Happy Easter!
['hæpi 'i:stə!]

Feliz Hanukkah!

Happy Hanukkah!
['hæpi 'hɑ:nəkə!]

Gostaria de fazer um brinde.

I'd like to propose a toast.
[aɪd laɪk tə prə'pəʊz ə təʊst]

Saúde!

Cheers!
[tʃɪəz!]

Bebamos a ...!

Let's drink to ...!
[lets drɪŋk tə ...!]

Ao nosso sucesso!

To our success!
[tu 'aʊə sək'ses!]

Ao vosso sucesso!

To your success!
[tə jɔ: sək'ses!]

Boa sorte!

Good luck!
[gʊd lʌk!]

Tenha um bom dia!

Have a nice day!
[hɛv ə naɪs deɪ!]

Tenha um bom feriado!

Have a good holiday!
[hɛv ə gʊd 'hɒlədeɪ!]

Tenha uma viagem segura!

Have a safe journey!
[hɛv ə seɪf 'dʒɜ:ni!]

Espero que melhore em breve!

I hope you get better soon!
[aɪ həʊp ju get 'betə su:n!]

Socializando

Porque é que está chateado /chateada/?	**Why are you sad?** [waɪ ə ju sæd?]
Sorria!	**Smile!** [smaɪl!]
Está livre esta noite?	**Are you free tonight?** [ə ju fri: tə'naɪt?]

Posso oferecer-lhe algo para beber?	**May I offer you a drink?** [meɪ aɪ 'ɒfə ju ə drɪŋk?]
Você quer dançar?	**Would you like to dance?** [wʊd ju laɪk tə dɑːns?]
Vamos ao cinema.	**Let's go to the movies.** [lets gəʊ tə ðə 'muːvɪz]

Gostaria de a convidar para ir ...	**May I invite you to ...?** [meɪ aɪ ɪn'vaɪt ju tə ...?]
ao restaurante	**a restaurant** [ə 'restrɒnt]
ao cinema	**the movies** [ðə 'muːvɪz]
ao teatro	**the theater** [ðə 'θiːətə]
passear	**go for a walk** [gəʊ fər ə wɔːk]

A que horas?	**At what time?** [ət wɒt taɪm?]
hoje à noite	**tonight** [tə'naɪt]
às 6 horas	**at six** [ət sɪks]
às 7 horas	**at seven** [ət sevn]
às 8 horas	**at eight** [ət eɪt]
às 9 horas	**at nine** [ət naɪn]

Gosta deste local?	**Do you like it here?** [də ju laɪk ɪt hɪə?]
Está com alguém?	**Are you here with someone?** [ə ju hɪə wɪð 'sʌmwʌn?]
Estou com o meu amigo.	**I'm with my friend.** [aɪm wɪð maɪ 'frend]

Estou com os meus amigos.

Não, estou sozinho /sozinha/.

I'm with my friends.
[aɪm wɪð maɪ frendz]

No, I'm alone.
[nəʊ, aɪm ə'ləʊn]

Tens namorado?

Do you have a boyfriend?
[də ju hɛv ə 'bɔɪfrend?]

Tenho namorado.

I have a boyfriend.
[aɪ hɛv ə 'bɔɪfrend]

Tens namorada?

Do you have a girlfriend?
[də ju hɛv ə 'gɜːlfrend?]

Tenho namorada.

I have a girlfriend.
[aɪ hɛv ə 'gɜːlfrend]

Posso voltar a vêr-te?

Can I see you again?
[kən aɪ siː ju ə'gen?]

Posso ligar-te?

Can I call you?
[kən aɪ kɔːl ju?]

Liga-me.

Call me.
[kɔːl miː]

Qual é o teu número?

What's your number?
[wɒts jɔː 'nʌmbə?]

Tenho saudades tuas.

I miss you.
[aɪ mɪs ju]

Tem um nome muito bonito.

You have a beautiful name.
[ju hɛv ə 'bjuːtəfl neɪm]

Amo-te.

I love you.
[aɪ lʌv ju]

Quer casar comigo?

Will you marry me?
[wɪl ju 'mæri miː?]

Você está a brincar!

You're kidding!
[jə 'kɪdɪŋ!]

Estou só a brincar.

I'm just kidding.
[aɪm dʒəst 'kɪdɪŋ]

Está a falar a sério?

Are you serious?
[ə ju 'sɪərɪəs?]

Estou a falar a sério.

I'm serious.
[aɪm 'sɪərɪəs]

De verdade?!

Really?!
['rɪəli?!]

Incrível!

It's unbelievable!
[ɪts ʌnbɪ'liːvəbl!]

Não acredito.

I don't believe you.
[aɪ dəʊnt bɪ'liːv ju]

Não posso.

I can't.
[aɪ kɑːnt]

Não sei.

I don't know.
[aɪ dəʊnt nəʊ]

Não entendo o que está a dizer.	**I don't understand you.** [aɪ dəʊnt ʌndə'stænd ju]
Saia, por favor.	**Please go away.** [pliːz gəʊ ə'weɪ]
Deixe-me em paz!	**Leave me alone!** [liːv miː ə'ləʊn!]

Eu não o suporto.	**I can't stand him.** [aɪ kɑːnt stænd hɪm]
Você é detestável!	**You are disgusting!** [ju ə dɪs'gʌstɪŋ!]
Vou chamar a polícia!	**I'll call the police!** [aɪl kɔːl ðə pə'liːs!]

Partilha de impressões. Emoções

Gosto disto.	**I like it.** [aɪ laɪk ɪt]
É muito simpático.	**Very nice.** ['veri naɪs]
Fixe!	**That's great!** [ðæts 'greɪt!]
Não é mau.	**It's not bad.** [ɪts nɒt bæd]
Não gosto disto.	**I don't like it.** [aɪ dəʊnt laɪk ɪt]
Isso não está certo.	**It's not good.** [ɪts nɒt gʊd]
Isso é mau.	**It's bad.** [ɪts bæd]
Isso é muito mau.	**It's very bad.** [ɪts 'veri bæd]
Isso é asqueroso.	**It's disgusting.** [ɪts dɪs'gʌstɪŋ]
Estou feliz.	**I'm happy.** [aɪm 'hæpi]
Estou contente.	**I'm content.** [aɪm kən'tent]
Estou apaixonado /apaixonada/.	**I'm in love.** [aɪm ɪn lʌv]
Estou calmo /calma/.	**I'm calm.** [aɪm kɑːm]
Estou aborrecido /aborrecida/.	**I'm bored.** [aɪm bɔːd]
Estou cansado /cansada/.	**I'm tired.** [aɪm 'taɪəd]
Estou triste.	**I'm sad.** [aɪm sæd]
Estou apavorado /apavorada/.	**I'm frightened.** [aɪm 'fraɪtnd]
Estou zangado /zangada/.	**I'm angry.** [aɪm 'æŋgri]
Estou preocupado /preocupada/.	**I'm worried.** [aɪm 'wʌrɪd]
Estou nervoso /nervosa/.	**I'm nervous.** [aɪm 'nɜːvəs]

Estou ciumento /ciumenta/.

I'm jealous.
[aɪm 'dʒeləs]

Estou surpreendido /surpreendida/.

I'm surprised.
[aɪm sə'praɪzd]

Estou perplexo /perplexa/.

I'm perplexed.
[aɪm pə'plekst]

Problemas. Acidentes

Tenho um problema.

I've got a problem.
[aɪv gɒt ə 'prɒbləm]

Temos um problema.

We've got a problem.
[wiv gɒt ə 'prɒbləm]

Estou perdido.

I'm lost.
[aɪm lɒst]

Perdi o último autocarro.

I missed the last bus (train).
[aɪ mɪst ðə lɑːst bʌs (treɪn)]

Não me resta nenhum dinheiro.

I don't have any money left.
[aɪ dəʊnt hɛv 'eni 'mʌni left]

Eu perdi ...

I've lost my ...
[aɪv lɒst maɪ ...]

Roubaram-me ...

Someone stole my ...
['sʌmwʌn stəʊl maɪ ...]

o meu passaporte

passport
['pɑːspɔːt]

a minha carteira

wallet
['wɒlɪt]

os meus papéis

papers
['peɪpəz]

o meu bilhete

ticket
['tɪkɪt]

o dinheiro

money
['mʌni]

a minha mala

handbag
['hændbæg]

a minha camara

camera
['kæmərə]

o meu computador

laptop
['læptɒp]

o meu tablet

tablet computer
['tæblɪt kəm'pjuːtə]

o meu telemóvel

mobile phone
['məʊbaɪl fəʊn]

Ajude-me!

Help me!
[help miː!]

O que é que aconteceu?

What's happened?
[wɒts 'hæpənd?]

fogo

fire
['faɪə]

tiroteio	**shooting** ['ʃuːtɪŋ]
assassínio	**murder** [a 'mɜːdə]
explosão	**explosion** [ɪk'spləʊʒn]
briga	**fight** [a faɪt]

Chame a polícia!	**Call the police!** [kɔːl ðə pə'liːs!]
Mais depressa, por favor!	**Please hurry up!** [pliːz 'hʌri ʌp!]
Estou à procura de uma esquadra de polícia.	**I'm looking for the police station.** [aɪm 'lʊkɪŋ fər ðə pə'liːs steɪʃn]
Preciso de telefonar.	**I need to make a call.** [aɪ niːd tə meɪk ə kɔːl]
Posso telefonar?	**May I use your phone?** [meɪ aɪ juːz jɔː fəʊn?]

Fui ...	**I've been …** [aɪv biːn …]
assaltado /assaltada/	**mugged** [mʌgd]
roubado /roubada/	**robbed** [rɒbd]
violada	**raped** [reɪpt]
atacado /atacada/	**attacked** [ə'tækt]

Está tudo bem consigo?	**Are you all right?** [ə ju ɔːl raɪt?]
Viu quem foi?	**Did you see who it was?** [dɪd ju siː huː ɪt wɒz?]
Seria capaz de reconhecer a pessoa?	**Would you be able to recognize the person?** [wʊd ju bi eɪbl tə 'rekəgnaɪz ðə 'pɜːsn?]
Tem a certeza?	**Are you sure?** [ə ju ʃʊə?]

Acalme-se, por favor.	**Please calm down.** [pliːz kɑːm daʊn]
Calma!	**Take it easy!** [teɪk ɪt 'iːzi!]
Não se preocupe.	**Don't worry!** [dəʊnt 'wʌri!]
Vai ficar tudo bem.	**Everything will be fine.** ['evrɪθɪŋ wɪl bi faɪn]
Está tudo em ordem.	**Everything's all right.** ['evrɪθɪŋz ɔːl raɪt]

Chegue aqui, por favor.

Come here, please.
[kʌm hɪə, pliːz]

Tenho algumas questões a colocar-lhe.

I have some questions for you.
[aɪ hɛv səm 'kwestʃənz fə ju]

Aguarde um momento, por favor.

Wait a moment, please.
[weɪt ə 'məʊmənt, pliːz]

Tem alguma identificação?

Do you have any I.D.?
[də ju hɛv 'eni aɪ diː.?]

Obrigado. Pode ir.

Thanks. You can leave now.
[θæŋks. ju kən liːv naʊ]

Mãos atrás da cabeça!

Hands behind your head!
[hændz bɪ'haɪnd jɔː hed!]

Você está preso!

You're under arrest!
[jər 'ʌndər ə'rest!]

Problemas de saúde

Ajude-me, por favor.	**Please help me.** [pli:z help mi:]
Não me sinto bem.	**I don't feel well.** [aɪ dəʊnt fi:l wel]
O meu marido não se sente bem.	**My husband doesn't feel well.** [maɪ 'hʌzbənd 'dʌznt fi:l wel]
O meu filho ...	**My son ...** [maɪ sʌn ...]
O meu pai ...	**My father ...** [maɪ 'fɑ:ðə ...]
A minha mulher não se sente bem.	**My wife doesn't feel well.** [maɪ waɪf 'dʌznt fi:l wel]
A minha filha ...	**My daughter ...** [maɪ 'dɔ:tə ...]
A minha mãe ...	**My mother ...** [maɪ 'mʌðə ...]
Tenho uma ...	**I've got a ...** [aɪv gɒt ə ...]
dor de cabeça	**headache** ['hedeɪk]
dor de garganta	**sore throat** [sɔ: θrəʊt]
dor de barriga	**stomach ache** ['stʌmək eɪk]
dor de dentes	**toothache** ['tu:θeɪk]
Estou com tonturas.	**I feel dizzy.** [aɪ fi:l 'dɪzi]
Ele está com febre.	**He has a fever.** [hi həz ə 'fi:və]
Ela está com febre.	**She has a fever.** [ʃi həz ə 'fi:və]
Não consigo respirar.	**I can't breathe.** [aɪ kɑ:nt bri:ð]
Estou a sufocar.	**I'm short of breath.** [aɪm ʃɔ:t əv breθ]
Sou asmático /asmática/.	**I am asthmatic.** [aɪ əm æs'mætɪk]
Sou diabético /diabética/.	**I am diabetic.** [aɪ əm daɪə'betɪk]

Estou com insónia.

I can't sleep.
[aɪ kɑːnt sliːp]

intoxicação alimentar

food poisoning
[fuːd 'pɔɪznɪŋ]

Dói aqui.

It hurts here.
[ɪt hɜːts hɪə]

Ajude-me!

Help me!
[help miː!]

Estou aqui!

I am here!
[aɪ əm hɪə!]

Estamos aqui!

We are here!
[wi ə hɪə!]

Tirem-me daqui!

Get me out of here!
[get miː aʊt əv hɪə!]

Preciso de um médico.

I need a doctor.
[aɪ niːd ə 'dɒktə]

Não me consigo mexer.

I can't move.
[aɪ kɑːnt muːv!]

Não consigo mover as pernas.

I can't move my legs.
[aɪ kɑːnt muːv maɪ legz]

Estou ferido.

I have a wound.
[aɪ hɛv ə wuːnd]

É grave?

Is it serious?
[ɪz ɪt 'sɪərɪəs?]

Tenho os documentos no bolso.

My documents are in my pocket.
[maɪ 'dɒkjʊments ər ɪn maɪ 'pɒkɪt]

Acalme-se!

Calm down!
[kɑːm daʊn!]

Posso telefonar?

May I use your phone?
[meɪ aɪ juːz jɔː fəʊn?]

Chame uma ambulância!

Call an ambulance!
[kɔːl ən 'æmbjələns!]

É urgente!

It's urgent!
[ɪts 'ɜːdʒənt!]

É uma emergência!

It's an emergency!
[ɪts ən ɪ'mɜːdʒənsi!]

Mais depressa, por favor!

Please hurry up!
[pliːz 'hʌri 'ʌp!]

Chame o médico, por favor.

Would you please call a doctor?
[wʊd ju pliːz kɔːl ə 'dɒktə?]

Onde fica o hospital?

Where is the hospital?
[weə ɪz ðə 'hɒspɪtl?]

Como se sente?

How are you feeling?
[haʊ ə ju 'fiːlɪŋ?]

Está tudo bem consigo?

Are you all right?
[ə ju ɔːl raɪt?]

O que é que aconteceu?

What's happened?
[wɒts 'hæpənd?]

Já me sinto melhor.

I feel better now.
[aɪ fiːl 'betə naʊ]

Está tudo em ordem.

It's OK.
[ɪts əʊ'keɪ]

Tubo bem.

It's all right.
[ɪts ɔːl raɪt]

Na farmácia

farmácia	**Pharmacy (drugstore)** ['fɑːməsi ('drʌgstɔː)]
farmácia de serviço	**24-hour pharmacy** ['twenti fɔːr 'aʊə 'fɑːməsi]
Onde fica a farmácia mais próxima?	**Where is the closest pharmacy?** [weə ɪz ðə 'kləʊsɪst 'fɑːməsi?]
Está aberto agora?	**Is it open now?** [ɪz ɪt 'əʊpən naʊ?]
A que horas abre?	**At what time does it open?** [ət wɒt taɪm dəz ɪt 'əʊpən?]
A que horas fecha?	**At what time does it close?** [ət wɒt taɪm dəz ɪt kləʊz?]
Fica longe?	**Is it far?** [ɪz ɪt fɑː?]
Posso ir até lá a pé?	**Can I get there on foot?** [kən aɪ get ðər ɒn fʊt?]
Pode-me mostrar no mapa?	**Can you show me on the map?** [kən ju ʃəʊ miː ɒn ðə mæp?]
Por favor dê-me algo para ...	**Please give me something for ...** [pliːz gɪv miː 'sʌmθɪŋ fə ...]
as dores de cabeça	**a headache** [ə 'hedeɪk]
a tosse	**a cough** [ə kɒf]
o resfriado	**a cold** [ə kəʊld]
a gripe	**the flu** [ðə fluː]
a febre	**a fever** [ə 'fiːvə]
uma dor de estômago	**a stomach ache** [ə 'stʌmək eɪk]
as náuseas	**nausea** ['nɔːsɪə]
a diarreia	**diarrhea** [daɪə'rɪə]
a constipação	**constipation** [kɒnstɪ'peɪʃn]
as dores nas costas	**pain in the back** [peɪn ɪn ðə 'bæk]

as dores no peito	**chest pain** [tʃest peɪn]
a sutura	**side stitch** [saɪd stɪtʃ]
as dores abdominais	**abdominal pain** [æb'dɒmɪnəl peɪn]

comprimido	**pill** [pɪl]
unguento, creme	**ointment, cream** ['ɔɪntmənt, kriːm]
charope	**syrup** ['sɪrəp]
spray	**spray** [sprɛj]
dropes	**drops** [drɒps]

Você precisa de ir ao hospital.	**You need to go to the hospital.** [ju niːd tə gəʊ tə ðə 'hɒspɪtl]
seguro de saúde	**health insurance** [helθ ɪn'ʃʊərəns]
prescrição	**prescription** [prɪ'skrɪpʃn]
repelente de insetos	**insect repellant** ['ɪnsekt rɪ'pelənt]
penso rápido	**sticking plaster** ['stikiŋ 'plastə]

O mínimo

Desculpe, …	**Excuse me, …** [ɪk'skjuːz miː, …]
Olá!	**Hello.** [hə'ləʊ]
Obrigado /Obrigada/.	**Thank you.** [θæŋk ju]
Adeus.	**Good bye.** [gʊd baɪ]
Sim.	**Yes.** [jes]
Não.	**No.** [nəʊ]
Não sei.	**I don't know.** [aɪ dəʊnt nəʊ]
Onde? | Para onde? | Quando?	**Where? | Where to? | When?** [weə? | weə tuː? | wen?]

Preciso de …	**I need …** [aɪ niːd …]
Eu queria …	**I want …** [aɪ wɒnt …]
Tem …?	**Do you have …?** [də ju hɛv …?]
Há aqui …?	**Is there a … here?** [ɪz ðər ə … hɪə?]
Posso …?	**May I …?** [meɪ aɪ …?]
…, por favor	**…, please** […, pliːz]

Estou à procura de …	**I'm looking for …** [aɪm 'lʊkɪŋ fə …]
casa de banho	**restroom** ['restruːm]
Multibanco	**ATM** [eɪtiː'em]
farmácia	**pharmacy, drugstore** ['fɑːməsi, 'drʌgstɔː]
hospital	**hospital** ['hɒspɪtl]
esquadra de polícia	**police station** [pə'liːs 'steɪʃn]
metro	**subway** ['sʌbweɪ]

táxi	**taxi** ['tæksi]
estação de comboio	**train station** [treɪn 'steɪʃn]

Chamo-me ...	**My name is ...** [maɪ 'neɪm ɪz ...]
Como se chama?	**What's your name?** [wɒts jɔː 'neɪm?]
Pode-me dar uma ajuda?	**Could you please help me?** [kəd ju pliːz help miː?]
Tenho um problema.	**I've got a problem.** [av gɒt ə 'prɒbləm]
Não me sinto bem.	**I don't feel well.** [aɪ dəʊnt fiːl wel]
Chame a ambulância!	**Call an ambulance!** [kɔːl ən 'æmbjələns!]
Posso fazer uma chamada?	**May I make a call?** [meɪ aɪ 'meɪk ə kɔːl?]

Desculpe.	**I'm sorry.** [aɪm 'sɒri]
De nada.	**You're welcome.** [juə 'welkəm]

eu	**I, me** [aɪ, mi]
tu	**you** [ju]
ele	**he** [hi]
ela	**she** [ʃi]
eles	**they** [ðeɪ]
elas	**they** [ðeɪ]
nós	**we** [wi]
vocês	**you** [ju]
você	**you** [ju]

ENTRADA	**ENTRANCE** ['entrɑːns]
SAÍDA	**EXIT** ['eksɪt]
FORA DE SERVIÇO	**OUT OF ORDER** [aʊt əv 'ɔːdə]
FECHADO	**CLOSED** [kləʊzd]

ABERTO	**OPEN** ['əʊpən]
PARA SENHORAS	**FOR WOMEN** [fə 'wɪmɪn]
PARA HOMENS	**FOR MEN** [fə men]

T&P BOOKS

VOCABULÁRIO TÓPICO

Esta secção contém mais de 3.000 das palavras mais importantes.
O dicionário fornecerá uma ajuda inestimável ao viajar para o estrangeiro, porque frequentemente o uso de palavras individuais é suficiente para ser compreendido. O dicionário inclui uma transcrição conveniente de cada palavra estrangeira

T&P Books Publishing

CONTEÚDO DO DICIONÁRIO

T&P Books Publishing

CONCEITOS BÁSICOS

T&P Books Publishing

1. Pronomes

eu	**I, me**	[aɪ], [miː]
tu	**you**	[juː]
ele	**he**	[hiː]
ela	**she**	[ʃiː]
ele, ela	**it**	[ɪt]
nós	**we**	[wiː]
vocês	**you**	[juː]
eles, -as	**they**	[ðeɪ]

2. Cumprimentos. Saudações

Olá!	**Hello!**	[həˈləʊ]
Bom dia! (formal)	**Hello!**	[həˈləʊ]
Bom dia! (de manhã)	**Good morning!**	[gʊd ˈmɔːnɪŋ]
Boa tarde!	**Good afternoon!**	[gʊd ˌɑːftəˈnuːn]
Boa noite!	**Good evening!**	[gʊd ˈiːvnɪŋ]
cumprimentar (vt)	**to say hello**	[tə seɪ həˈləʊ]
Olá!	**Hi!**	[haɪ]
saudação (f)	**greeting**	[ˈgriːtɪŋ]
saudar (vt)	**to greet** (vt)	[tə griːt]
Como vai?	**How are you?**	[ˌhaʊ ə ˈjuː]
O que há de novo?	**What's new?**	[ˌwɒts ˈnjuː]
Até à vista!	**Bye-Bye! Goodbye!**	[baɪ-baɪ], [gʊdˈbaɪ]
Até breve!	**See you soon!**	[ˈsiː ju ˌsuːn]
Adeus!	**Goodbye!**	[gʊdˈbaɪ]
despedir-se (vp)	**to say goodbye**	[tə seɪ gʊdˈbaɪ]
Até logo!	**So long!**	[ˌsəʊ ˈlɒŋ]
Obrigado! -a!	**Thank you!**	[ˈθæŋk juː]
Muito obrigado! -a!	**Thank you very much!**	[ˈθæŋk ju ˈveri mʌtʃ]
De nada	**You're welcome.**	[jʊə ˈwelkəm]
Não tem de quê	**Don't mention it!**	[ˌdəʊnt ˈmenʃən ɪt]
Desculpa! -pe!	**Excuse me, ...**	[ɪkˈskjuːz miː]
desculpar (vt)	**to excuse** (vt)	[tə ɪkˈskjuːz]
desculpar-se (vp)	**to apologize** (vi)	[tə əˈpɒlədʒaɪz]
As minhas desculpas	**My apologies.**	[maɪ əˈpɒlədʒɪz]
Desculpe!	**I'm sorry!**	[aɪm ˈsɒri]

| Não faz mal | **It's okay!** | [ɪts ˌəʊˈkeɪ] |
| por favor | **please** | [pliːz] |

Não se esqueça!	**Don't forget!**	[ˌdəʊnt fəˈget]
Certamente! Claro!	**Certainly!**	[ˈsɜːtənlɪ]
Claro que não!	**Of course not!**	[əv ˌkɔːs ˈnɒt]
De acordo!	**Okay!**	[ˌəʊˈkeɪ]
Basta!	**That's enough!**	[ðæts ɪˈnʌf]

3. Questões

Quem?	**Who?**	[huː]
Que?	**What?**	[wɒt]
Onde?	**Where?**	[weə]
Para onde?	**Where?**	[weə]
De onde?	**From where?**	[frɒm weə]
Quando?	**When?**	[wen]
Para quê?	**Why?**	[waɪ]

Para quê?	**What for?**	[wɒt fɔː(r)]
Como?	**How?**	[haʊ]
Qual?	**Which?**	[wɪtʃ]

A quem?	**To whom?**	[tə huːm]
Sobre quem?	**About whom?**	[əˈbaʊt ˌhuːm]
Do quê?	**About what?**	[əˈbaʊt ˌwɒt]
Com quem?	**With whom?**	[wɪð ˈhuːm]

Quantos? -as?	**How many?**	[ˌhaʊ ˈmenɪ]
Quanto?	**How much?**	[ˌhaʊ ˈmʌtʃ]
De quem?	**Whose?**	[huːz]

4. Preposições

com (prep.)	**with**	[wɪð]
sem (prep.)	**without**	[wɪˈðaʊt]
a, para (exprime lugar)	**to**	[tuː]
sobre (ex. falar ~)	**about**	[əˈbaʊt]
antes de …	**before**	[bɪˈfɔː(r)]
diante de …	**in front of …**	[ɪn ˈfrʌnt əv]

sob (debaixo de)	**under**	[ˈʌndə(r)]
sobre (em cima de)	**above**	[əˈbʌv]
sobre (~ a mesa)	**on**	[ɒn]
de (vir ~ Lisboa)	**from**	[frɒm]
de (feito ~ pedra)	**of**	[əv]
dentro de (~ dez minutos)	**in**	[ɪn]
por cima de …	**over**	[ˈəʊvə(r)]

5. Palavras funcionais. Advérbios. Parte 1

Onde?	**Where?**	[weə]
aqui	**here**	[hɪə(r)]
lá, ali	**there**	[ðeə(r)]
em algum lugar	**somewhere**	['sʌmweə(r)]
em lugar nenhum	**nowhere**	['nəʊweə(r)]
ao pé de ...	**by**	[baɪ]
ao pé da janela	**by the window**	[baɪ ðə 'wɪndəʊ]
Para onde?	**Where?**	[weə]
para cá	**here**	[hɪə(r)]
para lá	**there**	[ðeə(r)]
daqui	**from here**	[frɒm hɪə(r)]
de lá, dali	**from there**	[frɒm ðeə(r)]
perto	**close**	[kləʊs]
longe	**far**	[fɑː(r)]
perto, não fica longe	**not far**	[nɒt fɑː(r)]
esquerdo	**left**	[left]
à esquerda	**on the left**	[ɒn ðə left]
para esquerda	**to the left**	[tə ðə left]
direito	**right**	[raɪt]
à direita	**on the right**	[ɒn ðə raɪt]
para direita	**to the right**	[tə ðə raɪt]
à frente	**in front**	[ɪn frʌnt]
da frente	**front**	[frʌnt]
em frente (para a frente)	**ahead**	[ə'hed]
atrás de ...	**behind**	[bɪ'haɪnd]
por detrás (vir ~)	**from behind**	[frɒm bɪ'haɪnd]
para trás	**back**	[bæk]
meio (m), metade (f)	**middle**	['mɪdəl]
no meio	**in the middle**	[ɪn ðə 'mɪdəl]
de lado	**at the side**	[ət ðə saɪd]
em todo lugar	**everywhere**	['evrɪweə(r)]
ao redor (olhar ~)	**around**	[ə'raʊnd]
de dentro	**from inside**	[frɒm ɪn'saɪd]
para algum lugar	**somewhere**	['sʌmweə(r)]
diretamente	**straight**	[streɪt]
de volta	**back**	[bæk]
de algum lugar	**from anywhere**	[frɒm 'enɪweə(r)]
de um lugar	**from somewhere**	[frɒm 'sʌmweə(r)]
em primeiro lugar	**firstly**	['fɜːstlɪ]

| em segundo lugar | secondly | ['sekəndlı] |
| em terceiro lugar | thirdly | ['θɜːdlı] |

de repente	suddenly	['sʌdənlı]
no início	at first	[ət fɜːst]
pela primeira vez	for the first time	[fɔː ðə 'fɜːst ˌtaɪm]
muito antes de ...	long before ...	[lɒŋ bɪ'fɔː(r)]
para sempre	for good	[fɔː 'gʊd]

nunca	never	['nevə(r)]
de novo	again	[ə'gen]
agora	now	[naʊ]
frequentemente	often	['ɒfən]
então	then	[ðen]
urgentemente	urgently	['ɜːdʒəntlı]
usualmente	usually	['juːʒəlı]

a propósito, ...	by the way, ...	[baɪ ðə weɪ]
é possível	possible	['pɒsəbəl]
provavelmente	probably	['prɒbəblı]
talvez	maybe	['meɪbiː]
além disso, ...	besides ...	[bɪ'saɪdz]
por isso ...	that's why ...	[ðæts waɪ]
apesar de ...	in spite of ...	[ɪn 'spaɪt əv]
graças a ...	thanks to ...	['θæŋks tuː]

que (pron.)	what	[wɒt]
que (conj.)	that	[ðæt]
algo	something	['sʌmθɪŋ]
alguma coisa	anything, something	['enɪθɪŋ], ['sʌmθɪŋ]
nada	nothing	['nʌθɪŋ]

quem	who	[huː]
alguém	someone	['sʌmwʌn]
(~ teve uma ideia …)		
alguém	somebody	['sʌmbədı]

ninguém	nobody	['nəʊbədı]
para lugar nenhum	nowhere	['nəʊweə(r)]
de ninguém	nobody's	['nəʊbədız]
de alguém	somebody's	['sʌmbədız]

tão	so	[səʊ]
também (gostaria ~ de …)	also	['ɔːlsəʊ]
também (~ eu)	too	[tuː]

6. Palavras funcionais. Advérbios. Parte 2

| Porquê? | Why? | [waɪ] |
| por alguma razão | for some reason | [fɔː 'sʌm ˌriːzən] |

porque …	**because …**	[bɪ'kɒz]
e (tu ~ eu)	**and**	[ænd]
ou (ser ~ não ser)	**or**	[ɔ:(r)]
mas (porém)	**but**	[bʌt]
para (~ a minha mãe)	**for**	[fɔ:r]
demasiado, muito	**too**	[tu:]
só, somente	**only**	['əʊnlɪ]
exatamente	**exactly**	[ɪg'zæktlɪ]
cerca de (~ 10 kg)	**about**	[ə'baʊt]
aproximadamente	**approximately**	[ə'prɒksɪmətlɪ]
aproximado	**approximate**	[ə'prɒksɪmət]
quase	**almost**	['ɔ:lməʊst]
resto (m)	**the rest**	[ðə rest]
o outro (segundo)	**the other**	[ðə ʌðə(r)]
outro	**other**	['ʌðə(r)]
cada	**each**	[i:tʃ]
qualquer	**any**	['enɪ]
muitos, muitas	**many**	['menɪ]
muito	**much**	[mʌtʃ]
muitas pessoas	**many people**	[,menɪ 'pi:pəl]
todos	**all**	[ɔ:l]
em troca de …	**in return for …**	[ɪn rɪ'tɜ:n fɔ:]
em troca	**in exchange**	[ɪn ɪks'tʃeɪndʒ]
à mão	**by hand**	[baɪ hænd]
pouco provável	**hardly**	['hɑ:dlɪ]
provavelmente	**probably**	['prɒbəblɪ]
de propósito	**on purpose**	[ɒn 'pɜ:pəs]
por acidente	**by accident**	[baɪ 'æksɪdənt]
muito	**very**	['verɪ]
por exemplo	**for example**	[fɔ:r ɪg'zɑ:mpəl]
entre	**between**	[bɪ'twi:n]
entre (no meio de)	**among**	[ə'mʌŋ]
tanto	**so much**	[səʊ mʌtʃ]
especialmente	**especially**	[ɪ'speʃəlɪ]

NÚMEROS. DIVERSOS

T&P Books Publishing

7. Números cardinais. Parte 1

zero	**zero**	['zɪərəʊ]
um	**one**	[wʌn]
dois	**two**	[tu:]
três	**three**	[θri:]
quatro	**four**	[fɔ:(r)]
cinco	**five**	[faɪv]
seis	**six**	[sɪks]
sete	**seven**	['sevən]
oito	**eight**	[eɪt]
nove	**nine**	[naɪn]
dez	**ten**	[ten]
onze	**eleven**	[ɪ'levən]
doze	**twelve**	[twelv]
treze	**thirteen**	[ˌθɜ:'ti:n]
catorze	**fourteen**	[ˌfɔ:'ti:n]
quinze	**fifteen**	[fɪf'ti:n]
dezasseis	**sixteen**	[sɪks'ti:n]
dezassete	**seventeen**	[ˌsevən'ti:n]
dezoito	**eighteen**	[ˌeɪ'ti:n]
dezanove	**nineteen**	[ˌnaɪn'ti:n]
vinte	**twenty**	['twentɪ]
vinte e um	**twenty-one**	['twentɪ ˌwʌn]
vinte e dois	**twenty-two**	['twentɪ ˌtu:]
vinte e três	**twenty-three**	['twentɪ ˌθri:]
trinta	**thirty**	['θɜ:tɪ]
trinta e um	**thirty-one**	['θɜ:tɪ ˌwʌn]
trinta e dois	**thirty-two**	['θɜ:tɪ ˌtu:]
trinta e três	**thirty-three**	['θɜ:tɪ ˌθri:]
quarenta	**forty**	['fɔ:tɪ]
quarenta e um	**forty-one**	['fɔ:tɪˌwʌn]
quarenta e dois	**forty-two**	['fɔ:tɪˌtu:]
quarenta e três	**forty-three**	['fɔ:tɪˌθri:]
cinquenta	**fifty**	['fɪftɪ]
cinquenta e um	**fifty-one**	['fɪftɪ ˌwʌn]
cinquenta e dois	**fifty-two**	['fɪftɪ ˌtu:]
cinquenta e três	**fifty-three**	['fɪftɪ ˌθri:]
sessenta	**sixty**	['sɪkstɪ]

sessenta e um	**sixty-one**	['sɪkstɪ ˌwʌn]
sessenta e dois	**sixty-two**	['sɪkstɪ ˌtuː]
sessenta e três	**sixty-three**	['sɪkstɪ ˌθriː]
setenta	**seventy**	['sevəntɪ]
setenta e um	**seventy-one**	['sevəntɪ ˌwʌn]
setenta e dois	**seventy-two**	['sevəntɪ ˌtuː]
setenta e três	**seventy-three**	['sevəntɪ ˌθriː]
oitenta	**eighty**	['eɪtɪ]
oitenta e um	**eighty-one**	['eɪtɪ ˌwʌn]
oitenta e dois	**eighty-two**	['eɪtɪ ˌtuː]
oitenta e três	**eighty-three**	['eɪtɪ ˌθriː]
noventa	**ninety**	['naɪntɪ]
noventa e um	**ninety-one**	['naɪntɪ ˌwʌn]
noventa e dois	**ninety-two**	['naɪntɪ ˌtuː]
noventa e três	**ninety-three**	['naɪntɪ ˌθriː]

8. Números cardinais. Parte 2

cem	**one hundred**	[ˌwʌn 'hʌndrəd]
duzentos	**two hundred**	[tu 'hʌndrəd]
trezentos	**three hundred**	[θri: 'hʌndrəd]
quatrocentos	**four hundred**	[ˌfɔ: 'hʌndrəd]
quinhentos	**five hundred**	[ˌfaɪv 'hʌndrəd]
seiscentos	**six hundred**	[sɪks 'hʌndrəd]
setecentos	**seven hundred**	['sevən 'hʌndrəd]
oitocentos	**eight hundred**	[eɪt 'hʌndrəd]
novecentos	**nine hundred**	[ˌnaɪn 'hʌndrəd]
mil	**one thousand**	[ˌwʌn 'θaʊzənd]
dois mil	**two thousand**	[tu 'θaʊzənd]
três mil	**three thousand**	[θri: 'θaʊzənd]
dez mil	**ten thousand**	[ten 'θaʊzənd]
cem mil	**one hundred thousand**	[ˌwʌn 'hʌndrəd 'θaʊzənd]
um milhão	**million**	['mɪljən]
mil milhões	**billion**	['bɪljən]

9. Números ordinais

primeiro	**first**	[fɜ:st]
segundo	**second**	['sekənd]
terceiro	**third**	[θɜ:d]
quarto	**fourth**	[fɔ:θ]
quinto	**fifth**	[fɪfθ]
sexto	**sixth**	[sɪksθ]

sétimo	**seventh**	['sevənθ]
oitavo	**eighth**	[eɪtθ]
nono	**ninth**	[naɪnθ]
décimo	**tenth**	[tenθ]

T&P BOOKS

CORES.
UNIDADES DE MEDIDA

T&P Books Publishing

10. Cores

cor (f)	**color**	['kʌlə(r)]
matiz (m)	**shade**	[ʃeɪd]
tom (m)	**hue**	[hju:]
arco-íris (m)	**rainbow**	['reɪnbəʊ]
branco	**white**	[waɪt]
preto	**black**	[blæk]
cinzento	**gray**	[greɪ]
verde	**green**	[gri:n]
amarelo	**yellow**	['jeləʊ]
vermelho	**red**	[red]
azul	**blue**	[blu:]
azul claro	**light blue**	[ˌlaɪt 'blu:]
rosa	**pink**	[pɪŋk]
laranja	**orange**	['ɒrɪndʒ]
violeta	**violet**	['vaɪələt]
castanho	**brown**	[braʊn]
dourado	**golden**	['gəʊldən]
prateado	**silvery**	['sɪlvərɪ]
bege	**beige**	[beɪʒ]
creme	**cream**	[kri:m]
turquesa	**turquoise**	['tɜːkwɔɪz]
vermelho cereja	**cherry red**	['tʃerɪ red]
lilás	**lilac**	['laɪlək]
carmesim	**crimson**	['krɪmzən]
claro	**light**	[laɪt]
escuro	**dark**	[dɑːk]
vivo	**bright**	[braɪt]
de cor	**colored**	['kʌləd]
a cores	**color**	['kʌlə(r)]
preto e branco	**black-and-white**	[blæk ən waɪt]
unicolor	**plain, one-colored**	[pleɪn], [ˌwʌn'kʌləd]
multicor	**multicolored**	['mʌltɪˌkʌləd]

11. Unidades de medida

peso (m)	**weight**	[weɪt]
comprimento (m)	**length**	[leŋθ]

largura (f)	width	[wɪdθ]
altura (f)	height	[haɪt]
profundidade (f)	depth	[depθ]
volume (m)	volume	['vɒlju:m]
área (f)	area	['eərɪə]

grama (m)	gram	[græm]
miligrama (m)	milligram	['mɪlɪgræm]
quilograma (m)	kilogram	['kɪlə,græm]
tonelada (f)	ton	[tʌn]
libra (453,6 gramas)	pound	[paʊnd]
onça (f)	ounce	[aʊns]

metro (m)	meter	['mi:tə(r)]
milímetro (m)	millimeter	['mɪlɪ,mi:tə(r)]
centímetro (m)	centimeter	['sentɪ,mi:tə(r)]
quilómetro (m)	kilometer	['kɪlə,mi:tə(r)]
milha (f)	mile	[maɪl]

polegada (f)	inch	[ɪntʃ]
pé (304,74 mm)	foot	[fʊt]
jarda (914,383 mm)	yard	[jɑ:d]

metro (m) quadrado	square meter	[skweə 'mi:tə(r)]
hectare (m)	hectare	['hekteə(r)]
litro (m)	liter	['li:tə(r)]
grau (m)	degree	[dɪ'gri:]
volt (m)	volt	[vəʊlt]
ampere (m)	ampere	['æmpeə(r)]
cavalo-vapor (m)	horsepower	['hɔ:s,paʊə(r)]

quantidade (f)	quantity	['kwɒntɪtɪ]
um pouco de …	a little bit of …	[ə 'lɪtəl bɪt əv]
metade (f)	half	[hɑ:f]
dúzia (f)	dozen	['dʌzən]
peça (f)	piece	[pi:s]

| dimensão (f) | size | [saɪz] |
| escala (f) | scale | [skeɪl] |

mínimo	minimal	['mɪnɪməl]
menor, mais pequeno	the smallest	[ðə 'smɔ:ləst]
médio	medium	['mi:dɪəm]
máximo	maximal	['mæksɪməl]
maior, mais grande	the largest	[ðə 'lɑ:dʒɪst]

12. Recipientes

| boião (m) de vidro | jar | [dʒɑ:(r)] |
| lata (~ de cerveja) | can | [kæn] |

balde (m)	**bucket**	['bʌkɪt]
barril (m)	**barrel**	['bærəl]
bacia (~ de plástico)	**basin**	['beɪsən]
tanque (m)	**tank**	[tæŋk]
cantil (m) de bolso	**hip flask**	[hɪp flɑːsk]
bidão (m) de gasolina	**jerrycan**	['dʒerɪkæn]
cisterna (f)	**tank**	[tæŋk]
caneca (f)	**mug**	[mʌg]
chávena (f)	**cup**	[kʌp]
pires (m)	**saucer**	['sɔːsə(r)]
copo (m)	**glass**	[glɑːs]
taça (m) de vinho	**glass**	[glɑːs]
panela (f)	**stock pot**	[stɒk pɒt]
garrafa (f)	**bottle**	['bɒtəl]
gargalo (m)	**neck**	[nek]
jarro, garrafa (f)	**carafe**	[kə'ræf]
jarro (m) de barro	**pitcher**	['pɪtʃə(r)]
recipiente (m)	**vessel**	['vesəl]
pote (m)	**pot**	[pɒt]
vaso (m)	**vase**	[veɪz]
frasco (~ de perfume)	**bottle**	['bɒtəl]
frasquinho (ex. ~ de iodo)	**vial, small bottle**	['vaɪəl], [smɔːl 'bɒtəl]
tubo (~ de pasta dentífrica)	**tube**	[tjuːb]
saca (ex. ~ de açúcar)	**sack**	[sæk]
saco (~ de plástico)	**bag**	[bæg]
maço (m)	**pack**	[pæk]
caixa (~ de sapatos, etc.)	**box**	[bɒks]
caixa (~ de madeira)	**box**	[bɒks]
cesta (f)	**basket**	['bɑːskɪt]

BOOKS

VERBOS PRINCIPAIS

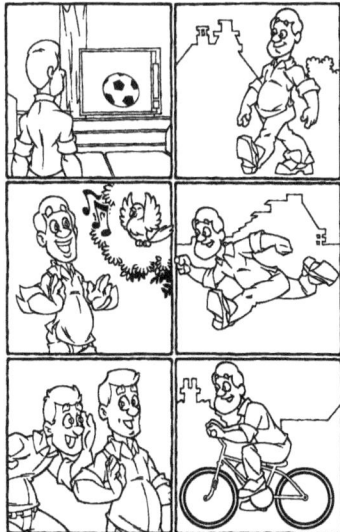

T&P Books Publishing

abrir (vt)	to open (vt)	[tə 'əʊpən]
acabar, terminar (vt)	to finish (vt)	[tə 'fɪnɪʃ]
aconselhar (vt)	to advise (vt)	[tə əd'vaɪz]
adivinhar (vt)	to guess (vt)	[tə ges]
advertir (vt)	to warn (vt)	[tə wɔːn]
ajudar (vt)	to help (vt)	[tə help]
almoçar (vi)	to have lunch	[tə hæv lʌntʃ]
alugar (~ um apartamento)	to rent (vt)	[tə rent]
amar (vt)	to love (vt)	[tə lʌv]
ameaçar (vt)	to threaten (vt)	[tə 'θretən]
anotar (escrever)	to write down	[tə ˌraɪt 'daʊn]
apanhar (vt)	to catch (vt)	[tə kætʃ]
arrepender-se (vp)	to regret (vi)	[tə rɪ'gret]
assinar (vt)	to sign (vt)	[tə saɪn]
atirar, disparar (vi)	to shoot (vi)	[tə ʃuːt]
banhar-se (vp)	to go for a swim	[tə gəʊ fɔrə swɪm]
brincar (vi)	to joke (vi)	[tə dʒəʊk]
brincar, jogar (crianças)	to play (vi)	[tə pleɪ]
buscar (vt)	to look for ...	[tə lʊk fɔː(r)]
caçar (vi)	to hunt (vi, vt)	[tə hʌnt]
cair (vi)	to fall (vi)	[tə fɔːl]
cavar (vt)	to dig (vt)	[tə dɪg]
cessar (vt)	to stop (vt)	[tə stɒp]
chamar (~ por socorro)	to call (vt)	[tə kɔːl]
chegar (vi)	to arrive (vi)	[tə ə'raɪv]
chorar (vi)	to cry (vi)	[tə kraɪ]
começar (vt)	to begin (vt)	[tə bɪ'gɪn]
comparar (vt)	to compare (vt)	[tə kəm'peə(r)]
compreender (vt)	to understand (vt)	[təˌʌndə'stænd]
confiar (vt)	to trust (vt)	[tə trʌst]
confundir (equivocar-se)	to confuse, to mix up (vt)	[tə kən'fjuːz], [tə mɪks ʌp]
conhecer (vt)	to know (vt)	[tə nəʊ]
contar (fazer contas)	to count (vt)	[tə kaʊnt]
contar com (esperar)	to count on ...	[tə kaʊnt ɒn]
continuar (vt)	to continue (vt)	[tə kən'tɪnjuː]
controlar (vt)	to control (vt)	[tə kən'trəʊl]
convidar (vt)	to invite (vt)	[tə ɪn'vaɪt]

correr (vi)	to run (vi)	[tə rʌn]
criar (vt)	to create (vt)	[tə kri:'eit]
custar (vt)	to cost (vt)	[tə kɒst]

14. Os verbos mais importantes. Parte 2

dar (vt)	to give (vt)	[tə gɪv]
dar uma dica	to give a hint	[tə gɪv ə hɪnt]
decorar (enfeitar)	to decorate (vt)	[tə 'dekəreit]
defender (vt)	to defend (vt)	[tə dɪ'fend]
deixar cair (vt)	to drop (vt)	[tə drɒp]
descer (para baixo)	to come down	[tə kʌm daʊn]
desculpar (vt)	to excuse (vt)	[tə ɪk'skju:z]
dirigir (~ uma empresa)	to run, to manage	[tə rʌn], [tə 'mænɪdʒ]
discutir (notícias, etc.)	to discuss (vt)	[tə dɪs'kʌs]
dizer (vt)	to say (vt)	[tə seɪ]
duvidar (vt)	to doubt (vi)	[tə daʊt]
encontrar (achar)	to find (vt)	[tə faɪnd]
enganar (vt)	to deceive (vi, vt)	[tə dɪ'si:v]
entrar (na sala, etc.)	to enter (vt)	[tə 'entə(r)]
enviar (uma carta)	to send (vt)	[tə send]
errar (equivocar-se)	to make a mistake	[tə meɪk ə mɪ'steɪk]
escolher (vt)	to choose (vt)	[tə tʃu:z]
esconder (vt)	to hide (vt)	[tə haɪd]
escrever (vt)	to write (vt)	[tə raɪt]
esperar (o autocarro, etc.)	to wait (vt)	[tə weɪt]
esperar (ter esperança)	to hope (vi, vt)	[tə həʊp]
esquecer (vi, vt)	to forget (vi, vt)	[tə fə'get]
estar com pressa	to hurry (vi)	[tə 'hʌrɪ]
estar de acordo	to agree (vi)	[tə ə'gri:]
estudar (vt)	to study (vt)	[tə 'stʌdɪ]
exigir (vt)	to demand (vt)	[tə dɪ'mɑːnd]
existir (vi)	to exist (vi)	[tə ɪg'zɪst]
explicar (vt)	to explain (vt)	[tə ɪk'spleɪn]
falar (vi)	to speak (vi, vt)	[tə spi:k]
faltar (clases, etc.)	to miss (vt)	[tə mɪs]
fazer (vt)	to do (vt)	[tə du:]
ficar em silêncio	to keep silent	[tə ki:p 'saɪlənt]
gabar-se, jactar-se (vp)	to boast (vi)	[tə bəʊst]
gostar (apreciar)	to like (vt)	[tə laɪk]
gritar (vi)	to shout (vi)	[tə ʃaʊt]
guardar (cartas, etc.)	to keep (vt)	[tə ki:p]

15. Os verbos mais importantes. Parte 3

informar (vt)	to inform (vt)	[tə ɪn'fɔːm]
insistir (vi)	to insist (vi, vt)	[tə ɪn'sɪst]
insultar (vt)	to insult (vt)	[tə ɪn'sʌlt]
interessar-se (vp)	to be interested in …	[tə bi 'ɪntrestɪd ɪn]
ir (a pé)	to go (vi)	[tə ɡəʊ]
jantar (vi)	to have dinner	[tə hæv 'dɪnə(r)]
ler (vt)	to read (vi, vt)	[tə riːd]
libertar (cidade, etc.)	to liberate (vt)	[tə 'lɪbəreɪt]
matar (vt)	to kill (vt)	[tə kɪl]
mencionar (vt)	to mention (vt)	[tə 'menʃən]
mostrar (vt)	to show (vt)	[tə ʃəʊ]
mudar (modificar)	to change (vt)	[tə tʃeɪndʒ]
nadar (vi)	to swim (vi)	[tə swɪm]
negar-se (vt)	to refuse (vi, vt)	[tə rɪ'fjuːz]
objetar (vt)	to object (vi, vt)	[tə əb'dʒekt]
observar (vt)	to observe (vt)	[tə əb'zɜːv]
ordenar (mil.)	to order (vi, vt)	[tə 'ɔːdə(r)]
ouvir (vt)	to hear (vt)	[tə hɪə(r)]
pagar (vt)	to pay (vi, vt)	[tə peɪ]
parar (vi)	to stop (vi)	[tə stɒp]
participar (vi)	to participate (vi)	[tə pɑː'tɪsɪpeɪt]
pedir (comida)	to order (vt)	[tə 'ɔːdə(r)]
pedir (um favor, etc.)	to ask (vt)	[tə ɑːsk]
pegar (tomar)	to take (vt)	[tə teɪk]
pensar (vt)	to think (vi, vt)	[tə θɪŋk]
perceber (ver)	to notice (vt)	[tə 'nəʊtɪs]
perdoar (vt)	to forgive (vt)	[tə fə'ɡɪv]
perguntar (vt)	to ask (vt)	[tə ɑːsk]
permitir (vt)	to permit (vt)	[tə pə'mɪt]
pertencer (vt)	to belong to …	[tə bɪ'lɒŋ tuː]
planear (vt)	to plan (vt)	[tə plæn]
poder (v aux)	can (v aux)	[kæn]
possuir (vt)	to own (vt)	[tə əʊn]
preferir (vt)	to prefer (vt)	[tə prɪ'fɜː(r)]
preparar (vt)	to cook (vt)	[tə kʊk]
prever (vt)	to expect (vt)	[tə ɪk'spekt]
prometer (vt)	to promise (vt)	[tə 'prɒmɪs]
pronunciar (vt)	to pronounce (vt)	[tə prə'naʊns]
propor (vt)	to propose (vt)	[tə prə'pəʊz]
punir, castigar (vt)	to punish (vt)	[tə 'pʌnɪʃ]
quebrar (vt)	to break (vt)	[tə breɪk]

queixar-se (vp)	to complain (vi, vt)	[tə kəm'pleɪn]
querer (desejar)	to want (vt)	[tə wɒnt]

16. Os verbos mais importantes. Parte 4

recomendar (vt)	to recommend (vt)	[tə ˌrekə'mend]
repetir (dizer outra vez)	to repeat (vt)	[tə rɪ'pi:t]
repreender (vt)	to scold (vt)	[tə skəʊld]
reservar (~ um quarto)	to reserve, to book	[tə rɪ'zɜ:v], [tə bʊk]
responder (vt)	to answer (vi, vt)	[tə 'ɑ:nsə(r)]
rezar, orar (vi)	to pray (vi, vt)	[tə preɪ]
rir-se (vi)	to laugh (vi)	[tə lɑ:f]
roubar (vt)	to steal (vt)	[tə sti:l]
saber (vt)	to know (vt)	[tə nəʊ]
sair (~ de casa)	to go out	[tə gəʊ aʊt]
salvar (vt)	to save, to rescue	[tə seɪv], [tə 'reskju:]
seguir ...	to follow ...	[tə 'fɒləʊ]
sentar-se (vp)	to sit down (vi)	[tə sɪt daʊn]
ser necessário	to be needed	[tə bi 'ni:dɪd]
ser, estar	to be (vi)	[tə bi:]
significar (vt)	to mean (vt)	[tə mi:n]
sorrir (vi)	to smile (vi)	[tə smaɪl]
subestimar (vt)	to underestimate (vt)	[tə ˌʌndə'restɪmeɪt]
surpreender-se (vp)	to be surprised	[tə bi sə'praɪzd]
tentar (vt)	to try (vt)	[tə traɪ]
ter (vt)	to have (vt)	[tə hæv]
ter fome	to be hungry	[tə bi 'hʌŋgrɪ]
ter medo	to be afraid	[tə bi ə'freɪd]
ter sede	to be thirsty	[tə bi 'θɜ:stɪ]
tocar (com as mãos)	to touch (vt)	[tə tʌtʃ]
tomar o pequeno-almoço	to have breakfast	[tə hæv 'brekfəst]
trabalhar (vi)	to work (vi)	[tə wɜ:k]
traduzir (vt)	to translate (vt)	[tə træns'leɪt]
unir (vt)	to unite (vt)	[tə ju:'naɪt]
vender (vt)	to sell (vt)	[tə sel]
ver (vt)	to see (vt)	[tə si:]
virar (ex. ~ à direita)	to turn (vi)	[tə tɜ:n]
voar (vi)	to fly (vi)	[tə flaɪ]

TEMPO. CALENDÁRIO

T&P Books Publishing

segunda-feira (f)	Monday	['mʌndɪ]
terça-feira (f)	Tuesday	['tjuːzdɪ]
quarta-feira (f)	Wednesday	['wenzdɪ]
quinta-feira (f)	Thursday	['θɜːzdɪ]
sexta-feira (f)	Friday	['fraɪdɪ]
sábado (m)	Saturday	['sætədɪ]
domingo (m)	Sunday	['sʌndɪ]

hoje	today	[tə'deɪ]
amanhã	tomorrow	[tə'mɒrəʊ]
depois de amanhã	the day after tomorrow	[ðə deɪ 'ɑːftə tə'mɒrəʊ]
ontem	yesterday	['jestədɪ]
anteontem	the day before yesterday	[ðə deɪ bɪ'fɔː 'jestədɪ]

dia (m)	day	[deɪ]
dia (m) de trabalho	working day	['wɜːkɪŋ deɪ]
feriado (m)	public holiday	['pʌblɪk 'hɒlɪdeɪ]
dia (m) de folga	day off	[,deɪ'ɒf]
fim (m) de semana	weekend	[,wiːk'end]

o dia todo	all day long	[ɔːl 'deɪ ,lɒŋ]
no dia seguinte	the next day	[ðə nekst deɪ]
há dois dias	two days ago	[tu deɪz ə'gəʊ]
na véspera	the day before	[ðə deɪ bɪ'fɔː(r)]
diário	daily	['deɪlɪ]
todos os dias	every day	[,evrɪ 'deɪ]

semana (f)	week	[wiːk]
na semana passada	last week	[,lɑːst 'wiːk]
na próxima semana	next week	[,nekst 'wiːk]
semanal	weekly	['wiːklɪ]
cada semana	every week	[,evrɪ 'wiːk]
duas vezes por semana	twice a week	[,twaɪs ə 'wiːk]
cada terça-feira	every Tuesday	['evrɪ 'tjuːzdɪ]

manhã (f)	morning	['mɔːnɪŋ]
de manhã	in the morning	[ɪn ðə 'mɔːnɪŋ]
meio-dia (m)	noon, midday	[nuːn], ['mɪddeɪ]
à tarde	in the afternoon	[ɪn ðə ,ɑːftə'nuːn]
noite (f)	evening	['iːvnɪŋ]

à noite (noitinha)	in the evening	[ɪn ðɪ 'iːvnɪŋ]
noite (f)	night	[naɪt]
à noite	at night	[ət naɪt]
meia-noite (f)	midnight	['mɪdnaɪt]

segundo (m)	second	['sekənd]
minuto (m)	minute	['mɪnɪt]
hora (f)	hour	['aʊə(r)]
meia hora (f)	half an hour	[ˌhɑːf ən 'aʊə(r)]
quarto (m) de hora	a quarter-hour	[ə 'kwɔːtər'aʊə(r)]
quinze minutos	fifteen minutes	[fɪf'tiːn 'mɪnɪts]
vinte e quatro horas	twenty four hours	['twentɪ fɔːr'aʊəz]

nascer (m) do sol	sunrise	['sʌnraɪz]
amanhecer (m)	dawn	[dɔːn]
madrugada (f)	early morning	['ɜːlɪ 'mɔːnɪŋ]
pôr do sol (m)	sunset	['sʌnset]

de madrugada	early in the morning	['ɜːlɪ ɪn ðə 'mɔːnɪŋ]
hoje de manhã	this morning	[ðɪs 'mɔːnɪŋ]
amanhã de manhã	tomorrow morning	[tə'mɒrəʊ 'mɔːnɪŋ]

hoje à tarde	this afternoon	[ðɪs ˌɑːftə'nuːn]
à tarde	in the afternoon	[ɪn ðə ˌɑːftə'nuːn]
amanhã à tarde	tomorrow afternoon	[tə'mɒrəʊ ˌɑːftə'nuːn]

| hoje à noite | tonight | [tə'naɪt] |
| amanhã à noite | tomorrow night | [tə'mɒrəʊ naɪt] |

às três horas em ponto	at 3 o'clock sharp	[ət θriː ə'klɒk ʃɑːp]
por volta das quatro	about 4 o'clock	[ə'baʊt ˌfɔːrə'klɒk]
às doze	by 12 o'clock	[baɪ twelv ə'klɒk]

dentro de vinte minutos	in 20 minutes	[ɪn 'twentɪ ˌmɪnɪts]
dentro duma hora	in an hour	[ɪn ən 'aʊə(r)]
a tempo	on time	[ɒn 'taɪm]

menos um quarto	a quarter of ...	[ə 'kwɔːtə of]
durante uma hora	within an hour	[wɪ'ðɪn æn 'aʊə(r)]
a cada quinze minutos	every 15 minutes	['evrɪ fɪf'tiːn 'mɪnɪts]
as vinte e quatro horas	round the clock	['raʊnd ðə ˌklɒk]

19. Meses. Estações

janeiro (m)	January	['dʒænjʊərɪ]
fevereiro (m)	February	['februərɪ]
março (m)	March	[mɑːtʃ]
abril (m)	April	['eɪprəl]
maio (m)	May	[meɪ]
junho (m)	June	[dʒuːn]

julho (m)	**July**	[dʒuːˈlaɪ]
agosto (m)	**August**	[ˈɔːgəst]
setembro (m)	**September**	[sepˈtembə(r)]
outubro (m)	**October**	[ɒkˈtəʊbə(r)]
novembro (m)	**November**	[nəʊˈvembə(r)]
dezembro (m)	**December**	[dɪˈsembə(r)]

primavera (f)	**spring**	[sprɪŋ]
na primavera	**in (the) spring**	[ɪn (ðə) sprɪŋ]
primaveril	**spring**	[sprɪŋ]

verão (m)	**summer**	[ˈsʌmə(r)]
no verão	**in (the) summer**	[ɪn (ðə) ˈsʌmə(r)]
de verão	**summer**	[ˈsʌmə(r)]

outono (m)	**fall**	[fɔːl]
no outono	**in (the) fall**	[ɪn (ðə) fɔːl]
outonal	**fall**	[fɔːl]

inverno (m)	**winter**	[ˈwɪntə(r)]
no inverno	**in (the) winter**	[ɪn (ðə) ˈwɪntə(r)]
de inverno	**winter**	[ˈwɪntə(r)]

mês (m)	**month**	[mʌnθ]
este mês	**this month**	[ðɪs mʌnθ]
no próximo mês	**next month**	[ˌnekst ˈmʌnθ]
no mês passado	**last month**	[ˌlɑːst ˈmʌnθ]

há um mês	**a month ago**	[əˌmʌnθ əˈgəʊ]
dentro de um mês	**in a month**	[ɪn ə ˈmʌnθ]
dentro de dois meses	**in two months**	[ɪn ˌtuː ˈmʌnθs]
todo o mês	**the whole month**	[ðə ˌhəʊl ˈmʌnθ]
um mês inteiro	**all month long**	[ɔːl ˈmʌnθ ˌlɒŋ]

mensal	**monthly**	[ˈmʌnθli]
mensalmente	**monthly**	[ˈmʌnθli]
cada mês	**every month**	[ˌevrɪ ˈmʌnθ]
duas vezes por mês	**twice a month**	[ˌtwaɪs ə ˈmʌnθ]

ano (m)	**year**	[jɪə(r)]
este ano	**this year**	[ðɪs jɪə(r)]
no próximo ano	**next year**	[ˌnekst ˈjɪə(r)]
no ano passado	**last year**	[ˌlɑːst ˈjɪə(r)]

há um ano	**a year ago**	[ə ˌjɪərəˈgəʊ]
dentro dum ano	**in a year**	[ɪn ə ˈjɪə(r)]
dentro de 2 anos	**in two years**	[ɪn ˌtuː ˈjɪəz]
todo o ano	**the whole year**	[ðə ˌhəʊl ˈjɪə(r)]
um ano inteiro	**all year long**	[ɔːl ˈjɪə ˌlɒŋ]

| cada ano | **every year** | [ˌevrɪ ˈjɪə(r)] |
| anual | **annual** | [ˈænjʊəl] |

| anualmente | **annually** | ['ænjʊəlɪ] |
| quatro vezes por ano | **4 times a year** | [fɔː taɪmz əjɪər] |

data (~ de hoje)	**date**	[deɪt]
data (ex. ~ de nascimento)	**date**	[deɪt]
calendário (m)	**calendar**	['kælɪndə(r)]

meio ano	**half a year**	[ˌhɑːf ə 'jɪə(r)]
seis meses	**six months**	[sɪks mʌnθs]
estação (f)	**season**	['siːzən]

VIAGENS. HOTEL

T&P Books Publishing

turismo (m)	tourism, travel	['tʊərɪzəm], ['trævəl]
turista (m)	tourist	['tʊərɪst]
viagem (f)	trip	[trɪp]
aventura (f)	adventure	[əd'ventʃə(r)]
viagem (f)	trip, journey	[trɪp], ['dʒɜːnɪ]
férias (f pl)	vacation	[və'keɪʃən]
estar de férias	to be on vacation	[tə bi ɒn və'keɪʃən]
descanso (m)	rest	[rest]
comboio (m)	train	[treɪn]
de comboio (chegar ~)	by train	[baɪ treɪn]
avião (m)	airplane	['eəpleɪn]
de avião	by airplane	[baɪ 'eəpleɪn]
de carro	by car	[baɪ kɑː(r)]
de navio	by ship	[baɪ ʃɪp]
bagagem (f)	luggage	['lʌgɪdʒ]
mala (f)	suitcase	['suːtkeɪs]
carrinho (m)	luggage cart	['lʌgɪdʒ kɑːt]
passaporte (m)	passport	['pɑːspɔːt]
visto (m)	visa	['viːzə]
bilhete (m)	ticket	['tɪkɪt]
bilhete (m) de avião	air ticket	['eə 'tɪkɪt]
guia (m) de viagem	guidebook	['gaɪdbʊk]
mapa (m)	map	[mæp]
local (m), area (f)	area	['eərɪə]
lugar, sítio (m)	place, site	[pleɪs], [saɪt]
exotismo (m)	exotica	[ɪg'zɒtɪkə]
exótico	exotic	[ɪg'zɒtɪk]
surpreendente	amazing	[ə'meɪzɪŋ]
grupo (m)	group	[gruːp]
excursão (f)	excursion	[ɪk'skɜːʃən]
guia (m)	guide	[gaɪd]

| hotel (m) | hotel | [həʊ'tel] |
| motel (m) | motel | [məʊ'tel] |

três estrelas	three-star	[θriː stɑː(r)]
cinco estrelas	five-star	[ˌfaɪv 'stɑː(r)]
ficar (~ num hotel)	to stay (vi)	[tə steɪ]

quarto (m)	room	[ruːm]
quarto (m) individual	single room	['sɪŋɡəl ruːm]
quarto (m) duplo	double room	['dʌbəl ruːm]
reservar um quarto	to book a room	[tə bʊk ə ruːm]

| meia pensão (f) | half board | [hɑːf bɔːd] |
| pensão (f) completa | full board | [fʊl bɔːd] |

com banheira	with bath	[wɪð bɑːθ]
com duche	with shower	[wɪð 'ʃaʊə(r)]
televisão (m) satélite	satellite television	['sætəlaɪt 'telɪˌvɪʒən]
ar (m) condicionado	air-conditioner	[eə kən'dɪʃənə]
toalha (f)	towel	['taʊəl]
chave (f)	key	[kiː]

administrador (m)	administrator	[əd'mɪnɪstreɪtə(r)]
camareira (f)	chambermaid	['tʃeɪmbəˌmeɪd]
bagageiro (m)	porter, bellboy	['pɔːtə(r)], ['belbɔɪ]
porteiro (m)	doorman	['dɔːmən]

restaurante (m)	restaurant	['restrɒnt]
bar (m)	pub, bar	[pʌb], [bɑː(r)]
pequeno-almoço (m)	breakfast	['brekfəst]
jantar (m)	dinner	['dɪnə(r)]
buffet (m)	buffet	[bə'feɪ]

elevador (m)	elevator	['elɪveɪtə(r)]
NÃO PERTURBE	DO NOT DISTURB	[du nɒt dɪ'stɜːb]
PROIBIDO FUMAR!	NO SMOKING	[nəʊ 'sməʊkɪŋ]

22. Turismo

monumento (m)	monument	['mɒnjʊmənt]
fortaleza (f)	fortress	['fɔːtrɪs]
palácio (m)	palace	['pælɪs]
castelo (m)	castle	['kɑːsəl]
torre (f)	tower	['taʊə(r)]
mausoléu (m)	mausoleum	[ˌmɔːzə'lɪəm]

arquitetura (f)	architecture	['ɑːkɪtektʃə(r)]
medieval	medieval	[ˌmedɪ'iːvəl]
antigo	ancient	['eɪnʃənt]
nacional	national	['næʃənəl]
conhecido	well-known	[wel'nəʊn]
turista (m)	tourist	['tʊərɪst]
guia (pessoa)	guide	[ɡaɪd]

excursão (f)	**excursion**	[ɪk'skɜ:ʃən]
mostrar (vt)	**to show** (vt)	[tə ʃəʊ]
contar (vt)	**to tell** (vt)	[tə tel]
encontrar (vt)	**to find** (vt)	[tə faɪnd]
perder-se (vp)	**to get lost**	[tə get lost]
mapa (~ do metrô)	**map**	[mæp]
mapa (~ da cidade)	**map**	[mæp]
lembrança (f), presente (m)	**souvenir, gift**	[ˌsuːvə'nɪə], [gɪft]
loja (f) de presentes	**gift shop**	['gɪftʃɒp]
fotografar (vt)	**to take pictures**	[tə ˌteɪk 'pɪktʃəz]

T&P BOOKS

TRANSPORTES

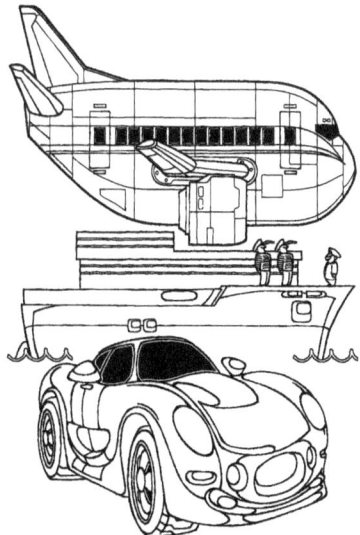

T&P Books Publishing

aeroporto (m)	airport	['eəpɔ:t]
avião (m)	airplane	['eəpleɪn]
companhia (f) aérea	airline	['eəlaɪn]
controlador (m) de tráfego aéreo	air traffic controller	['eə 'træfɪk kən'trəʊlə]

partida (f)	departure	[dɪ'pɑ:tʃə(r)]
chegada (f)	arrival	[ə'raɪvəl]
chegar (~ de avião)	to arrive (vi)	[tə ə'raɪv]

hora (f) de partida	departure time	[dɪ'pɑ:tʃə ˌtaɪm]
hora (f) de chegada	arrival time	[ə'raɪvəl taɪm]

estar atrasado	to be delayed	[tə bi dɪ'leɪd]
atraso (m) de voo	flight delay	[flaɪt dɪ'leɪ]

painel (m) de informação	information board	[ˌɪnfə'meɪʃən bɔ:d]
informação (f)	information	[ˌɪnfə'meɪʃən]
anunciar (vt)	to announce (vt)	[tə ə'naʊns]
voo (m)	flight	[flaɪt]

alfândega (f)	customs	['kʌstəmz]
funcionário (m) da alfândega	customs officer	['kʌstəmz 'ɒfɪsə(r)]

declaração (f) alfandegária	customs declaration	['kʌstəmz ˌdeklə'reɪʃən]
preencher (vt)	to fill out (vt)	[tə fɪl 'aʊt]
preencher a declaração	to fill out the declaration	[tə fɪl 'aʊt ðə ˌdeklə'reɪʃən]
controlo (m) de passaportes	passport control	['pɑ:spɔ:t kən'trəʊl]

bagagem (f)	luggage	['lʌgɪdʒ]
bagagem (f) de mão	hand luggage	['hænd,lʌgɪdʒ]
Perdidos e Achados	LOST-AND-FOUND	[lɒst ənd faʊnd]
carrinho (m)	luggage cart	['lʌgɪdʒ kɑ:t]

aterragem (f)	landing	['lændɪŋ]
pista (f) de aterragem	landing strip	['lændɪŋ strɪp]
aterrar (vi)	to land (vi)	[tə lænd]
escada (f) de avião	airstairs	[eə'steəz]

check-in (m)	check-in	['tʃek ɪn]
balcão (m) do check-in	check-in desk	['tʃek ɪn desk]
fazer o check-in	to check-in (vi)	[tə tʃek ɪn]

cartão (m) de embarque	boarding pass	['bɔːdɪŋ pɑːs]
porta (f) de embarque	departure gate	[dɪ'pɑːtʃə ˌɡeɪt]
trânsito (m)	transit	['trænsɪt]
esperar (vi, vt)	to wait (vt)	[tə weɪt]
sala (f) de espera	departure lounge	[dɪ'pɑːtʃə laʊndʒ]

24. Avião

avião (m)	airplane	['eəpleɪn]
bilhete (m) de avião	air ticket	['eə 'tɪkɪt]
companhia (f) aérea	airline	['eəlaɪn]
aeroporto (m)	airport	['eəpɔːt]
supersónico	supersonic	[ˌsuːpə'sɒnɪk]
comandante (m) do avião	captain	['kæptɪn]
tripulação (f)	crew	[kruː]
piloto (m)	pilot	['paɪlət]
hospedeira (f) de bordo	flight attendant	[ˌflaɪt ə'tendənt]
copiloto (m)	navigator	['nævɪɡeɪtə(r)]
asas (f pl)	wings	[wɪŋz]
cauda (f)	tail	[teɪl]
cabine (f) de pilotagem	cockpit	['kɒkpɪt]
motor (m)	engine	['endʒɪn]
trem (m) de aterragem	landing gear	['lændɪŋ ɡɪə(r)]
turbina (f)	turbine	['tɜːbaɪn]
hélice (f)	propeller	[prə'pelə(r)]
caixa (f) negra	black box	[blæk bɒks]
coluna (f) de controle	yoke, control column	[jəʊk], [kən'trəʊl 'kɒləm]
combustível (m)	fuel	['fjʊəl]
instruções (f pl) de segurança	safety card	['seɪftɪ kɑːd]
máscara (f) de oxigénio	oxygen mask	['ɒksɪdʒən mɑːsk]
uniforme (m)	uniform	['juːnɪfɔːm]
colete (m) salva-vidas	life vest	['laɪf vest]
paraquedas (m)	parachute	['pærəʃuːt]
descolagem (f)	takeoff	['teɪkɒf]
descolar (vi)	to take off (vi)	[tə teɪk ɒf]
pista (f) de descolagem	runway	['rʌnˌweɪ]
visibilidade (f)	visibility	[ˌvɪzɪ'bɪlɪtɪ]
voo (m)	flight	[flaɪt]
altura (f)	altitude	['æltɪtjuːd]
poço (m) de ar	air pocket	['eə 'pɒkɪt]
assento (m)	seat	[siːt]
auscultadores (m pl)	headphones	['hedfəʊnz]

mesa (f) rebatível	folding tray	['fəʊldɪŋ treɪ]
vigia (f)	window	['wɪndəʊ]
passagem (f)	aisle	[aɪl]

25. Comboio

comboio (m)	train	[treɪn]
comboio (m) suburbano	commuter train	[kə'mjuːtə(r) treɪn]
comboio (m) rápido	express train	[ɪk'spres treɪn]
locomotiva (f) diesel	diesel locomotive	['diːzəl ˌləʊkə'məʊtɪv]
comboio (m) a vapor	steam locomotive	[stiːm ˌləʊkə'məʊtɪv]

| carruagem (f) | passenger car | ['pæsɪndʒə kɑː(r)] |
| carruagem restaurante (f) | dining car | ['daɪnɪŋ kɑː] |

trilhos (m pl)	rails	[reɪlz]
caminho de ferro (m)	railroad	['reɪlrəʊd]
travessa (f)	railway tie	['reɪlweɪ taɪ]

plataforma (f)	platform	['plætfɔːm]
linha (f)	track	[træk]
semáforo (m)	semaphore	['seməfɔː(r)]
estação (f)	station	['steɪʃən]

maquinista (m)	engineer	[ˌendʒɪ'nɪə(r)]
bagageiro (m)	porter	['pɔːtə(r)]
condutor (m)	car attendant	[kɑː(r) ə'tendənt]
passageiro (m)	passenger	['pæsɪndʒə(r)]
revisor (m)	conductor	[kən'dʌktə(r)]

| corredor (m) | corridor | ['kɒrɪˌdɔː(r)] |
| freio (m) de emergência | emergency brake | [ɪ'mɜːdʒənsɪ breɪk] |

compartimento (m)	compartment	[kəm'pɑːtmənt]
cama (f)	berth	[bɜːθ]
cama (f) de cima	upper berth	['ʌpə bɜːθ]
cama (f) de baixo	lower berth	['ləʊə 'bɜːθ]
roupa (f) de cama	bed linen, bedding	[bed 'lɪnɪn], ['bedɪŋ]

bilhete (m)	ticket	['tɪkɪt]
horário (m)	schedule	['skedʒʊl]
painel (m) de informação	information display	[ˌɪnfə'meɪʃən dɪ'spleɪ]

partir (vi)	to leave, to depart	[tə liːv], [tə dɪ'pɑːt]
partida (f)	departure	[dɪ'pɑːtʃə(r)]
chegar (vi)	to arrive (vi)	[tə ə'raɪv]
chegada (f)	arrival	[ə'raɪvəl]

| chegar de comboio | to arrive by train | [tə ə'raɪv baɪ treɪn] |
| apanhar o comboio | to get on the train | [tə ˌget ɒn ðə 'treɪn] |

sair do comboio	to get off the train	[tə ˌget əv ðə 'treɪn]
acidente (m) ferroviário	train wreck	[treɪn rek]
descarrilar (vi)	to derail (vi)	[tə dɪ'reɪl]

comboio (m) a vapor	steam locomotive	[sti:m ˌləʊkə'məʊtɪv]
fogueiro (m)	stoker, fireman	['stəʊkə], ['faɪəmən]
fornalha (f)	firebox	['faɪəbɒks]
carvão (m)	coal	[kəʊl]

26. Barco

| navio (m) | ship | [ʃɪp] |
| embarcação (f) | vessel | ['vesəl] |

vapor (m)	steamship	['sti:mʃɪp]
navio (m)	riverboat	['rɪvəˌbəʊt]
transatlântico (m)	cruise ship	[kru:z ʃɪp]
cruzador (m)	cruiser	['kru:zə(r)]

iate (m)	yacht	[jɒt]
rebocador (m)	tugboat	['tʌgbəʊt]
barcaça (f)	barge	[bɑ:dʒ]
ferry (m)	ferry	['ferɪ]

| veleiro (m) | sailing ship | ['seɪlɪŋ ʃɪp] |
| bergantim (m) | brigantine | ['brɪgənti:n] |

| quebra-gelo (m) | ice breaker | ['aɪsˌbreɪkə(r)] |
| submarino (m) | submarine | [ˌsʌbmə'ri:n] |

bote, barco (m)	boat	[bəʊt]
bote, dingue (m)	dinghy	['dɪŋgɪ]
bote (m) salva-vidas	lifeboat	['laɪfbəʊt]
lancha (f)	motorboat	['məʊtəbəʊt]

capitão (m)	captain	['kæptɪn]
marinheiro (m)	seaman	['si:mən]
marujo (m)	sailor	['seɪlə(r)]
tripulação (f)	crew	[kru:]

contramestre (m)	boatswain	['bəʊsən]
grumete (m)	ship's boy	[ʃɪps bɔɪ]
cozinheiro (m) de bordo	cook	[kʊk]
médico (m) de bordo	ship's doctor	[ʃɪps 'dɒktə(r)]

convés (m)	deck	[dek]
mastro (m)	mast	[mɑ:st]
vela (f)	sail	[seɪl]
porão (m)	hold	[həʊld]
proa (f)	bow	[baʊ]

popa (f)	stern	[stɜ:n]
remo (m)	oar	[ɔ:(r)]
hélice (f)	propeller	[prə'pelə(r)]

camarote (m)	cabin	['kæbɪn]
sala (f) dos oficiais	wardroom	['wɔ:drʊm]
sala (f) das máquinas	engine room	['endʒɪn ˌru:m]
ponte (m) de comando	bridge	[brɪdʒ]
sala (f) de comunicações	radio room	['reɪdɪəʊ rʊm]
onda (f) de rádio	wave	[weɪv]
diário (m) de bordo	logbook	['lɒgbʊk]

luneta (f)	spyglass	['spaɪglɑ:s]
sino (m)	bell	[bel]
bandeira (f)	flag	[flæg]

| cabo (m) | rope | ['rəʊp] |
| nó (m) | knot | [nɒt] |

| corrimão (m) | deckrails | ['dekreɪlz] |
| prancha (f) de embarque | gangway | ['gæŋweɪ] |

âncora (f)	anchor	['æŋkə(r)]
recolher a âncora	to weigh anchor	[tə weɪ 'æŋkə(r)]
lançar a âncora	to drop anchor	[tə drɒp 'æŋkə(r)]
amarra (f)	anchor chain	['æŋkə ˌtʃeɪn]

porto (m)	port	[pɔ:t]
cais, amarradouro (m)	quay, wharf	[ki:], [wɔ:f]
atracar (vi)	to berth, to moor	[tə bɜ:θ], [tə mɔ:(r)]
desatracar (vi)	to cast off	[tə kɑ:st ɒf]

viagem (f)	trip	[trɪp]
cruzeiro (m)	cruise	[kru:z]
rumo (m), rota (f)	course	[kɔ:s]
itinerário (m)	route	[raʊt]

canal (m) navegável	fairway	['feəweɪ]
baixio (m)	shallows	['ʃæləʊz]
encalhar (vt)	to run aground	[tə rʌn ə'graʊnd]

tempestade (f)	storm	[stɔ:m]
sinal (m)	signal	['sɪgnəl]
afundar-se (vp)	to sink (vi)	[tə sɪŋk]
Homem ao mar!	Man overboard!	[ˌmæn 'əʊvəbɔ:d]
SOS	SOS	[ˌesəʊ'es]
boia (f) salva-vidas	ring buoy	[rɪŋ bɔɪ]

BOOKS

CIDADE

T&P Books Publishing

autocarro (m)	bus	[bʌs]
elétrico (m)	streetcar	['stri:tkɑ:(r)]
troleicarro (m)	trolley bus	['trɒlɪbʌs]
itinerário (m)	route	[raʊt]
número (m)	number	['nʌmbə(r)]
ir de ... (carro, etc.)	to go by ...	[tə gəʊ baɪ]
entrar (~ no autocarro)	to get on	[tə get ɒn]
descer de ...	to get off ...	[tə get ɒf]
paragem (f)	stop	[stɒp]
próxima paragem (f)	next stop	[ˌnekst 'stɒp]
ponto (m) final	terminus	['tɜ:mɪnəs]
horário (m)	schedule	['skedʒʊl]
esperar (vt)	to wait (vt)	[tə weɪt]
bilhete (m)	ticket	['tɪkɪt]
custo (m) do bilhete	fare	[feə(r)]
bilheteiro (m)	cashier	[kæ'ʃɪə(r)]
controlo (m) dos bilhetes	ticket inspection	['tɪkɪt ɪn'spekʃən]
revisor (m)	ticket inspector	['tɪkɪt ɪn'spektə(r)]
atrasar-se (vp)	to be late	[tə bi 'leɪt]
estar com pressa	to be in a hurry	[tə bi ɪn ə 'hʌrɪ]
táxi (m)	taxi, cab	['tæksɪ], [kæb]
taxista (m)	taxi driver	['tæksɪ 'draɪvə(r)]
de táxi (ir ~)	by taxi	[baɪ 'tæksɪ]
praça (f) de táxis	taxi stand	['tæksɪ stænd]
chamar um táxi	to call a taxi	[tə kɔ:l ə 'tæksɪ]
apanhar um táxi	to take a taxi	[tə ˌteɪk ə 'tæksɪ]
tráfego (m)	traffic	['træfɪk]
engarrafamento (m)	traffic jam	['træfɪk dʒæm]
horas (f pl) de ponta	rush hour	['rʌʃ ˌaʊə(r)]
estacionar (vi)	to park (vi)	[tə pɑ:k]
estacionar (vt)	to park (vt)	[tə pɑ:k]
parque (m) de estacionamento	parking lot	['pɑ:kɪŋ lɒt]
metro (m)	subway	['sʌbweɪ]
estação (f)	station	['steɪʃən]
ir de metro	to take the subway	[tə ˌteɪk ðə 'sʌbweɪ]

| comboio (m) | train | [treɪn] |
| estação (f) | train station | [treɪn 'steɪʃən] |

28. Cidade. Vida na cidade

cidade (f)	city, town	['sɪtɪ], [taʊn]
capital (f)	capital	['kæpɪtəl]
aldeia (f)	village	['vɪlɪdʒ]

mapa (m) da cidade	city map	['sɪtɪˌmæp]
centro (m) da cidade	downtown	['daʊnˌtaʊn]
subúrbio (m)	suburb	['sʌbɜːb]
suburbano	suburban	[sə'bɜːbən]

periferia (f)	outskirts	['aʊtskɜːts]
arredores (m pl)	environs	[ɪn'vaɪərənz]
quarteirão (m)	city block	['sɪtɪ blɒk]
quarteirão (m) residencial	residential block	[ˌrezɪ'denʃəl blɒk]

tráfego (m)	traffic	['træfɪk]
semáforo (m)	traffic lights	['træfɪk laɪts]
transporte (m) público	public transportation	['pʌblɪk ˌtrænspɔː'teɪʃən]
cruzamento (m)	intersection	[ˌɪntə'sekʃən]

passadeira (f) para peões	crosswalk	['krɒswɔːk]
passagem (f) subterrânea	pedestrian underpass	[pɪ'destrɪən 'ʌndəpɑːs]
cruzar, atravessar (vt)	to cross (vt)	[tə krɒs]
peão (m)	pedestrian	[pɪ'destrɪən]
passeio (m)	sidewalk	['saɪdwɔːk]

| ponte (f) | bridge | [brɪdʒ] |
| marginal (f) | embankment | [ɪm'bæŋkmənt] |

alameda (f)	allée	[ale]
parque (m)	park	[pɑːk]
bulevar (m)	boulevard	['buːləvɑːd]
praça (f)	square	[skweə(r)]
avenida (f)	avenue	['ævənjuː]
rua (f)	street	[striːt]
travessa (f)	side street	[saɪd striːt]
beco (m) sem saída	dead end	[ˌded 'end]

casa (f)	house	[haʊs]
edifício, prédio (m)	building	['bɪldɪŋ]
arranha-céus (m)	skyscraper	['skaɪˌskreɪpə(r)]

fachada (f)	facade	[fə'sɑːd]
telhado (m)	roof	[ruːf]
janela (f)	window	['wɪndəʊ]
arco (m)	arch	[ɑːtʃ]

coluna (f)	column	['kɒləm]
esquina (f)	corner	['kɔ:nə(r)]
montra (f)	store window	['stɔ: ˌwɪndəʊ]
letreiro (m)	signboard	['saɪnbɔ:d]
cartaz (m)	poster	['pəʊstə(r)]
cartaz (m) publicitário	advertising poster	['ædvətaɪzɪŋ 'pəʊstə(r)]
painel (m) publicitário	billboard	['bɪlbɔ:d]
lixo (m)	garbage, trash	['gɑːbɪdʒ], [træʃ]
cesta (f) do lixo	trashcan	['træʃkæn]
jogar lixo na rua	to litter (vi)	[tə 'lɪtə(r)]
aterro (m) sanitário	garbage dump	['gɑːbɪdʒ dʌmp]
cabine (f) telefónica	phone booth	['fəʊn ˌbu:ð]
candeeiro (m) de rua	street light	['stri:t laɪt]
banco (m)	bench	[bentʃ]
polícia (m)	police officer	[pə'li:s 'ɒfɪsə(r)]
polícia (instituição)	police	[pə'li:s]
mendigo (m)	beggar	['begə(r)]
sem-abrigo (m)	homeless	['həʊmlɪs]

29. Instituições urbanas

loja (f)	store	[stɔ:(r)]
farmácia (f)	drugstore, pharmacy	['drʌgstɔ:(r)], ['fɑ:məsɪ]
ótica (f)	eyeglass store	['aɪglɑ:s stɔ:(r)]
centro (m) comercial	shopping mall	['ʃɒpɪŋ mɔ:l]
supermercado (m)	supermarket	['su:pəˌmɑ:kɪt]
padaria (f)	bakery	['beɪkərɪ]
padeiro (m)	baker	['beɪkə(r)]
pastelaria (f)	candy store	['kændɪ stɔ:(r)]
mercearia (f)	grocery store	['grəʊsərɪ stɔ:(r)]
talho (m)	butcher shop	['bʊtʃəzʃɒp]
loja (f) de legumes	produce store	['prɒdju:s stɔ:]
mercado (m)	market	['mɑ:kɪt]
café (m)	coffee house	['kɒfɪ ˌhaʊs]
restaurante (m)	restaurant	['restrɒnt]
cervejaria (f)	pub, bar	[pʌb], [bɑ:(r)]
pizzaria (f)	pizzeria	[ˌpi:tsə'rɪə]
salão (m) de cabeleireiro	hair salon	['heə 'sælɒn]
correios (m pl)	post office	[pəʊst 'ɒfɪs]
lavandaria (f)	dry cleaners	[ˌdraɪ 'kli:nəz]
estúdio (m) fotográfico	photo studio	['fəʊtəʊ 'stju:dɪəʊ]
sapataria (f)	shoe store	['ʃu: stɔ:(r)]

livraria (f)	**bookstore**	['bʊkstɔ:(r)]
loja (f) de artigos de desporto	**sporting goods store**	['spɔ:tɪŋ gʊdz stɔ:(r)]
reparação (f) de roupa	**clothes repair shop**	[kləʊðz rɪ'peə(r) ʃɒp]
aluguer (m) de roupa	**formal wear rental**	['fɔ:məl weə 'rentəl]
aluguer (m) de filmes	**video rental store**	['vɪdɪəʊ 'rentəl stɔ:]
circo (m)	**circus**	['sɜ:kəs]
jardim (m) zoológico	**zoo**	[zu:]
cinema (m)	**movie theater**	['mu:vɪ 'θɪətə(r)]
museu (m)	**museum**	[mju:'zi:əm]
biblioteca (f)	**library**	['laɪbrərɪ]
teatro (m)	**theater**	['θɪətə(r)]
ópera (f)	**opera**	['ɒpərə]
clube (m) noturno	**nightclub**	[naɪt klʌb]
casino (m)	**casino**	[kə'si:nəʊ]
mesquita (f)	**mosque**	[mɒsk]
sinagoga (f)	**synagogue**	['sɪnəgɒg]
catedral (f)	**cathedral**	[kə'θi:drəl]
templo (m)	**temple**	['tempəl]
igreja (f)	**church**	[tʃɜ:tʃ]
instituto (m)	**college**	['kɒlɪdʒ]
universidade (f)	**university**	[ju:nɪ'vɜ:sətɪ]
escola (f)	**school**	[sku:l]
prefeitura (f)	**prefecture**	['pri:fekˌtjʊə(r)]
câmara (f) municipal	**city hall**	['sɪtɪ ˌhɔ:l]
hotel (m)	**hotel**	[həʊ'tel]
banco (m)	**bank**	[bæŋk]
embaixada (f)	**embassy**	['embəsɪ]
agência (f) de viagens	**travel agency**	['trævəl 'eɪdʒənsɪ]
agência (f) de informações	**information office**	[ˌɪnfə'meɪʃən 'ɒfɪs]
casa (f) de câmbio	**currency exchange**	['kʌrənsɪ ɪks'tʃeɪndʒ]
metro (m)	**subway**	['sʌbweɪ]
hospital (m)	**hospital**	['hɒspɪtəl]
posto (m) de gasolina	**gas station**	[gæs 'steɪʃən]
parque (m) de estacionamento	**parking lot**	['pɑ:kɪŋ lɒt]

30. Sinais

letreiro (m)	**signboard**	['saɪnbɔ:d]
inscrição (f)	**notice**	['nəʊtɪs]

cartaz, póster (m)	poster	['pəʊstə(r)]
sinal (m) informativo	direction sign	[dɪ'rekʃən saɪn]
seta (f)	arrow	['ærəʊ]

aviso (advertência)	caution	['kɔːʃən]
sinal (m) de aviso	warning sign	['wɔːnɪŋ saɪn]
avisar, advertir (vt)	to warn (vt)	[tə wɔːn]

dia (m) de folga	rest day	[rest deɪ]
horário (m)	timetable	['taɪmˌteɪbəl]
horário (m) de funcionamento	opening hours	['əʊpənɪŋ ˌaʊəz]

BEM-VINDOS!	WELCOME!	['welkəm]
ENTRADA	ENTRANCE	['entrəns]
SAÍDA	EXIT	['eksɪt]

EMPURRE	PUSH	[pʊʃ]
PUXE	PULL	[pʊl]
ABERTO	OPEN	['əʊpən]
FECHADO	CLOSED	[kləʊzd]

| MULHER | WOMEN | ['wɪmɪn] |
| HOMEM | MEN | ['men] |

DESCONTOS	DISCOUNTS	['dɪskaʊnts]
SALDOS	SALE	[seɪl]
NOVIDADE!	NEW!	[njuː]
GRÁTIS	FREE	[friː]

ATENÇÃO!	ATTENTION!	[ə'tenʃən]
NÃO HÁ VAGAS	NO VACANCIES	[nəʊ 'veɪkənsɪz]
RESERVADO	RESERVED	[rɪ'zɜːvd]

| ADMINISTRAÇÃO | ADMINISTRATION | [ədˌmɪnɪ'streɪʃən] |
| SOMENTE PESSOAL AUTORIZADO | STAFF ONLY | [stɑːf 'əʊnlɪ] |

CUIDADO CÃO FEROZ	BEWARE OF THE DOG!	[bɪ'weə əv ðə ˌdɒg]
PROIBIDO FUMAR!	NO SMOKING	[nəʊ 'sməʊkɪŋ]
NÃO TOCAR	DO NOT TOUCH!	[də nɒt 'tʌtʃ]

PERIGOSO	DANGEROUS	['deɪndʒərəs]
PERIGO	DANGER	['deɪndʒə(r)]
ALTA TENSÃO	HIGH VOLTAGE	[haɪ 'vəʊltɪdʒ]
PROIBIDO NADAR	NO SWIMMING!	[nəʊ 'swɪmɪŋ]
AVARIADO	OUT OF ORDER	[ˌaʊt əv 'ɔːdə(r)]
INFLAMÁVEL	FLAMMABLE	['flæməbəl]
PROIBIDO	FORBIDDEN	[fə'bɪdən]
ENTRADA PROIBIDA	NO TRESPASSING!	[nəʊ 'trespəsɪŋ]
CUIDADO TINTA FRESCA	WET PAINT	[wet peɪnt]

31. Compras

comprar (vt)	to buy (vt)	[tə baɪ]
compra (f)	purchase	['pɜːtʃəs]
fazer compras	to go shopping	[tə gəʊ 'ʃɒpɪŋ]
compras (f pl)	shopping	['ʃɒpɪŋ]
estar aberta (loja, etc.)	to be open	[tə bi 'əʊpən]
estar fechada	to be closed	[tə bi kləʊzd]
calçado (m)	footwear, shoes	['fʊtweə(r)], [ʃuːz]
roupa (f)	clothes, clothing	[kləʊðz], ['kləʊðɪŋ]
cosméticos (m pl)	cosmetics	[kɒz'metɪks]
alimentos (m pl)	food products	[fuːd 'prɒdʌkts]
presente (m)	gift, present	[gɪft], ['prezənt]
vendedor (m)	salesman	['seɪlzmən]
vendedora (f)	saleswoman	['seɪlz‚wʊmən]
caixa (f)	check out, cash desk	[tʃek aʊt], [kæʃ desk]
espelho (m)	mirror	['mɪrə(r)]
balcão (m)	counter	['kaʊntə(r)]
cabine (f) de provas	fitting room	['fɪtɪŋ ‚rum]
provar (vt)	to try on (vt)	[tə ‚traɪ 'ɒn]
servir (vi)	to fit (vt)	[tə fɪt]
gostar (apreciar)	to like (vt)	[tə laɪk]
preço (m)	price	[praɪs]
etiqueta (f) de preço	price tag	['praɪs tæg]
custar (vt)	to cost (vt)	[tə kɒst]
Quanto?	How much?	[‚haʊ 'mʌtʃ]
desconto (m)	discount	['dɪskaʊnt]
não caro	inexpensive	[‚ɪnɪk'spensɪv]
barato	cheap	[tʃiːp]
caro	expensive	[ɪk'spensɪv]
É caro	It's expensive	[ɪts ɪk'spensɪv]
aluguer (m)	rental	['rentəl]
alugar (vestidos, etc.)	to rent (vt)	[tə rent]
crédito (m)	credit	['kredɪt]
a crédito	on credit	[ɒn 'kredɪt]

VESTUÁRIO & ACESSÓRIOS

T&P Books Publishing

32. Roupa exterior. Casacos

roupa (f)	clothes	[kləʊðz]
roupa (f) exterior	outerwear	['aʊtəweə(r)]
roupa (f) de inverno	winter clothing	['wɪntə 'kləʊðɪŋ]
sobretudo (m)	coat, overcoat	[kəʊt], ['əʊvəkəʊt]
casaco (m) de peles	fur coat	['fɜːˌkəʊt]
casaco curto (m) de peles	fur jacket	['fɜː 'dʒækɪt]
casaco (m) acolchoado	down coat	['daʊn ˌkəʊt]
casaco, blusão (m)	jacket	['dʒækɪt]
impermeável (m)	raincoat	['reɪnkəʊt]
impermeável	waterproof	['wɔːtəpruːf]

33. Vestuário de homem & mulher

camisa (f)	shirt	[ʃɜːt]
calças (f pl)	pants	[pænts]
calças (f pl) de ganga	jeans	[dʒiːnz]
casaco (m) de fato	jacket	['dʒækɪt]
fato (m)	suit	[suːt]
vestido (ex. ~ vermelho)	dress	[dres]
saia (f)	skirt	[skɜːt]
blusa (f)	blouse	[blaʊz]
casaco (m) de malha	knitted jacket	['nɪtɪd 'dʒækɪt]
casaco, blazer (m)	jacket	['dʒækɪt]
T-shirt, camiseta (f)	T-shirt	['tiː ʃɜːt]
calções (Bermudas, etc.)	shorts	[ʃɔːts]
fato (m) de treino	tracksuit	['træksuːt]
roupão (m) de banho	bathrobe	['bɑːθrəʊb]
pijama (m)	pajamas	[pə'dʒɑːməz]
suéter (m)	sweater	['swetə(r)]
pulôver (m)	pullover	['pʊlˌəʊvə(r)]
colete (m)	vest	[vest]
fraque (m)	tailcoat	[ˌteɪl'kəʊt]
smoking (m)	tuxedo	[tʌk'siːdəʊ]
uniforme (m)	uniform	['juːnɪfɔːm]
roupa (f) de trabalho	workwear	[wɜːkweə(r)]

| fato-macaco (m) | overalls | [ˈəuvərɔːlz] |
| bata (~ branca, etc.) | coat | [kəut] |

34. Vestuário. Roupa interior

roupa (f) interior	underwear	[ˈʌndəweə(r)]
camisola (f) interior	undershirt	[ˈʌndəʃɜːt]
peúgas (f pl)	socks	[sɒks]

camisa (f) de noite	nightgown	[ˈnaɪtgaun]
sutiã (m)	bra	[brɑː]
meias longas (f pl)	knee highs	[ˈniː ˌhaɪs]
meias-calças (f pl)	pantyhose	[ˈpæntɪhəuz]
meias (f pl)	stockings	[ˈstɒkɪŋz]
fato (m) de banho	bathing suit	[ˈbeɪðɪŋ suːt]

35. Adereços de cabeça

chapéu (m)	hat	[hæt]
chapéu (m) de feltro	fedora	[fɪˈdɔːrə]
boné (m) de beisebol	baseball cap	[ˈbeɪsbɔːl kæp]
boné (m)	flatcap	[flæt kæp]

boina (f)	beret	[ˈbereɪ]
capuz (m)	hood	[hud]
panamá (m)	panama	[ˈpænəmɑː]
gorro (m) de malha	knit cap, knitted hat	[nɪt kæp], [ˈnɪtɪdˌhæt]

| lenço (m) | headscarf | [ˈhedskɑːf] |
| chapéu (m) de mulher | women's hat | [ˈwɪmɪns hæt] |

capacete (m) de proteção	hard hat	[hɑːd hæt]
bivaque (m)	garrison cap	[ˈgærɪsən kæp]
capacete (m)	helmet	[ˈhelmɪt]

| chapéu (m) de coco | derby | [ˈdɜːbɪ] |
| chapéu (m) alto | top hat | [tɒp hæt] |

36. Calçado

calçado (m)	footwear	[ˈfutweə(r)]
botinas (f pl)	shoes	[ʃuːz]
sapatos (de salto alto, etc.)	shoes	[ʃuːz]
botas (f pl)	boots	[buːts]
pantufas (f pl)	slippers	[ˈslɪpəz]

ténis (m pl)	tennis shoes	['tenɪsʃuːz]
sapatilhas (f pl)	sneakers	['sniːkəz]
sandálias (f pl)	sandals	['sændəlz]

sapateiro (m)	cobbler, shoe repairer	['kɒblə(r)], [ʃuː rɪ'peərə(r)]
salto (m)	heel	[hiːl]
par (m)	pair	[peə(r)]

atacador (m)	shoestring	['ʃuːstrɪŋ]
apertar os atacadores	to lace (vt)	[tə leɪs]
calçadeira (f)	shoehorn	['ʃuːhɔːn]
graxa (f) para calçado	shoe polish	[ʃuː 'pɒlɪʃ]

37. Acessórios pessoais

luvas (f pl)	gloves	[glʌvz]
mitenes (f pl)	mittens	['mɪtənz]
cachecol (m)	scarf	[skɑːf]

óculos (m pl)	glasses	[glɑːsɪz]
armação (f) de óculos	frame	[freɪm]
guarda-chuva (m)	umbrella	[ʌm'brelə]
bengala (f)	walking stick	['wɔːkɪŋ stɪk]
escova (f) para o cabelo	hairbrush	['heəbrʌʃ]
leque (m)	fan	[fæn]

gravata (f)	tie	[taɪ]
gravata-borboleta (f)	bow tie	[bəʊ taɪ]
suspensórios (m pl)	suspenders	[sə'spendəz]
lenço (m)	handkerchief	['hæŋkətʃɪf]

pente (m)	comb	[kəʊm]
travessão (m)	barrette	[bə'ret]
gancho (m) de cabelo	hairpin	['heəpɪn]
fivela (f)	buckle	['bʌkəl]

| cinto (m) | belt | [belt] |
| correia (f) | shoulder strap | ['ʃəʊldə stræp] |

bolsa (f)	bag	[bæg]
bolsa (f) de senhora	purse	[pɜːs]
mochila (f)	backpack	['bækpæk]

38. Vestuário. Diversos

moda (f)	fashion	['fæʃən]
na moda	in vogue	[ɪn vəʊg]
estilista (m)	fashion designer	['fæʃən dɪ'zaɪnə(r)]

colarinho (m), gola (f)	collar	['kɒlə(r)]
bolso (m)	pocket	['pɒkɪt]
de bolso	pocket	['pɒkɪt]
manga (f)	sleeve	[sli:v]
presilha (f)	hanging loop	['hæŋɪŋ lu:p]
braguilha (f)	fly	[flaɪ]

fecho (m) de correr	zipper	['zɪpə(r)]
fecho (m), colchete (m)	fastener	['fɑːsənə(r)]
botão (m)	button	['bʌtən]
casa (f) de botão	buttonhole	['bʌtənhəʊl]
saltar (vi) (botão, etc.)	to come off	[tə kʌm ɒf]

coser, costurar (vi)	to sew (vi, vt)	[tə səʊ]
bordar (vt)	to embroider (vi, vt)	[tə ɪm'brɔɪdə(r)]
bordado (m)	embroidery	[ɪm'brɔɪdərɪ]
agulha (f)	sewing needle	['səʊɪŋ 'niːdəl]
fio (m)	thread	[θred]
costura (f)	seam	[siːm]

sujar-se (vp)	to get dirty (vi)	[tə get 'dɜːtɪ]
mancha (f)	stain	[steɪn]
engelhar-se (vp)	to crease, crumple (vi)	[tə kriːs], ['krʌmpəl]
rasgar (vt)	to tear, to rip (vt)	[tə teər], [tə rɪp]
traça (f)	clothes moth	[kləʊðz mɒθ]

39. Cuidados pessoais. Cosméticos

pasta (f) de dentes	toothpaste	['tuːθpeɪst]
escova (f) de dentes	toothbrush	['tuːθbrʌʃ]
escovar os dentes	to brush one's teeth	[tə brʌʃ wʌns 'tiːθ]

máquina (f) de barbear	razor	['reɪzə(r)]
creme (m) de barbear	shaving cream	['ʃeɪvɪŋ ˌkriːm]
barbear-se (vp)	to shave (vi)	[tə ʃeɪv]

| sabonete (m) | soap | [səʊp] |
| champô (m) | shampoo | [ʃæm'puː] |

tesoura (f)	scissors	['sɪzəz]
lima (f) de unhas	nail file	['neɪl ˌfaɪl]
corta-unhas (m)	nail clippers	[neɪl 'klɪpərz]
pinça (f)	tweezers	['twiːzəz]

cosméticos (m pl)	cosmetics	[kɒz'metɪks]
máscara (f) facial	face mask	[feɪs mɑːsk]
manicura (f)	manicure	['mænɪˌkjʊə(r)]
fazer a manicura	to have a manicure	[tə hæve 'mænɪˌkjʊə]
pedicure (f)	pedicure	['pedɪˌkjʊə(r)]
bolsa (f) de maquilhagem	make-up bag	['meɪk ʌp ˌbæg]

pó (m)	face powder	[feɪs 'paʊdə(r)]
caixa (f) de pó	powder compact	['paʊdə 'kɒmpækt]
blush (m)	blusher	['blʌʃə(r)]
perfume (m)	perfume	['pɜːfjuːm]
água (f) de toilette	toilet water	['tɔɪlɪt 'wɔːtə(r)]
loção (m)	lotion	['ləʊʃən]
água-de-colónia (f)	cologne	[kə'ləʊn]
sombra (f) de olhos	eyeshadow	['aɪʃædəʊ]
lápis (m) delineador	eyeliner	['aɪˌlaɪnə(r)]
máscara (f), rímel (m)	mascara	[mæs'kɑːrə]
batom (m)	lipstick	['lɪpstɪk]
verniz (m) de unhas	nail polish	['neɪl ˌpɒlɪʃ]
laca (f) para cabelos	hair spray	['heəspreɪ]
desodorizante (m)	deodorant	[diː'əʊdərənt]
creme (m)	cream	[kriːm]
creme (m) de rosto	face cream	['feɪs ˌkriːm]
creme (m) de mãos	hand cream	['hænd ˌkriːm]
creme (m) antirrugas	anti-wrinkle cream	['æntɪ 'rɪŋkəl kriːm]
creme (m) de dia	day cream	['deɪ ˌkriːm]
creme (m) de noite	night cream	['naɪt ˌkriːm]
tampão (m)	tampon	['tæmpɒn]
papel (m) higiénico	toilet paper	['tɔɪlɪt 'peɪpə(r)]
secador (m) elétrico	hair dryer	['heəˌdraɪə(r)]

40. Relógios de pulso. Relógios

relógio (m) de pulso	watch	[wɒtʃ]
mostrador (m)	dial	['daɪəl]
ponteiro (m)	hand	[hænd]
bracelete (f) em aço	bracelet	['breɪslɪt]
bracelete (f) em pele	watch strap	[wɒtʃ stræp]
pilha (f)	battery	['bætərɪ]
descarregar-se	to be dead	[tə bi ded]
trocar a pilha	to change a battery	[tə tʃeɪndʒ ə 'bætərɪ]
estar adiantado	to run fast	[tə rʌn fɑːst]
estar atrasado	to run slow	[tə rʌn sləʊ]
relógio (m) de parede	wall clock	['wɔːl ˌklɒk]
ampulheta (f)	hourglass	['aʊəglɑːs]
relógio (m) de sol	sundial	['sʌndaɪəl]
despertador (m)	alarm clock	[ə'lɑːm klɒk]
relojoeiro (m)	watchmaker	['wɒtʃˌmeɪkə(r)]
reparar (vt)	to repair (vt)	[tə rɪ'peə(r)]

T&P BOOKS

EXPERIÊNCIA DO QUOTIDIANO

T&P Books Publishing

dinheiro (m)	money	['mʌnɪ]
câmbio (m)	currency exchange	['kʌrənsɪ ɪks'tʃeɪndʒ]
taxa (f) de câmbio	exchange rate	[ɪks'tʃeɪndʒ reɪt]
Caixa Multibanco (m)	ATM	[ˌeɪti:'em]
moeda (f)	coin	[kɔɪn]

| dólar (m) | dollar | ['dɒlə(r)] |
| euro (m) | euro | ['jʊərəʊ] |

lira (f)	lira	['lɪərə]
marco (m)	Deutschmark	['dɔɪtʃmɑːk]
franco (m)	franc	[fræŋk]
libra (f) esterlina	pound sterling	[paʊnd 'stɜːlɪŋ]
iene (m)	yen	[jen]

dívida (f)	debt	[det]
devedor (m)	debtor	['detə(r)]
emprestar (vt)	to lend (vt)	[tə lend]
pedir emprestado	to borrow (vt)	[tə 'bɒrəʊ]

banco (m)	bank	[bæŋk]
conta (f)	account	[ə'kaʊnt]
depositar (vt)	to deposit (vt)	[tə dɪ'pɒzɪt]

cartão (m) de crédito	credit card	['kredɪt kɑːd]
dinheiro (m) vivo	cash	[kæʃ]
cheque (m)	check	[tʃek]
passar um cheque	to write a check	[tə ˌraɪt ə 'tʃek]
livro (m) de cheques	checkbook	['tʃek,bʊk]

carteira (f)	wallet	['wɒlɪt]
porta-moedas (m)	change purse	[tʃeɪndʒ pɜːs]
cofre (m)	safe	[seɪf]

herdeiro (m)	heir	[eə(r)]
herança (f)	inheritance	[ɪn'herɪtəns]
fortuna (riqueza)	fortune	['fɔːtʃuːn]

arrendamento (m)	lease	[liːs]
renda (f) de casa	rent	[rent]
alugar (vt)	to rent (vt)	[tə rent]

| preço (m) | price | [praɪs] |
| custo (m) | cost | [kɒst] |

soma (f)	sum	[sʌm]
gastos (m pl)	expenses	[ɪk'spensɪz]
economizar (vi)	to economize (vi, vt)	[tə ɪ'kɒnəmaɪz]
económico	economical	[ˌiːkə'nɒmɪkəl]
pagar (vt)	to pay (vi, vt)	[tə peɪ]
pagamento (m)	payment	['peɪmənt]
troco (m)	change	[tʃeɪndʒ]
imposto (m)	tax	[tæks]
multa (f)	fine	[faɪn]
multar (vt)	to fine (vt)	[tə faɪn]

42. Correios. Serviço postal

correios (m pl)	post office	[pəʊst 'ɒfɪs]
correio (m)	mail	[meɪl]
carteiro (m)	mailman	['meɪlmən]
horário (m)	opening hours	['əʊpənɪŋ ˌaʊəz]
carta (f)	letter	['letə(r)]
carta (f) registada	registered letter	['redʒɪstəd 'letə(r)]
postal (m)	postcard	['pəʊstkɑːd]
telegrama (m)	telegram	['telɪgræm]
encomenda (f) postal	package, parcel	['pækɪdʒ], ['pɑːsəl]
remessa (f) de dinheiro	money transfer	['mʌnɪ trænsˈfɜː(r)]
receber (vt)	to receive (vt)	[tə rɪ'siːv]
enviar (vt)	to send (vt)	[tə send]
envio (m)	sending	['sendɪŋ]
endereço (m)	address	[ə'dres]
código (m) postal	ZIP code	['zɪp ˌkəʊd]
remetente (m)	sender	['sendə(r)]
destinatário (m)	receiver	[rɪ'siːvə(r)]
nome (m)	first name	[fɜːst neɪm]
apelido (m)	surname, last name	['sɜːneɪm], [lɑːst neɪm]
tarifa (f)	rate	[reɪt]
normal	standard	['stændəd]
económico	economical	[ˌiːkə'nɒmɪkəl]
peso (m)	weight	[weɪt]
pesar (estabelecer o peso)	to weigh (vt)	[tə weɪ]
envelope (m)	envelope	['envələʊp]
selo (m)	postage stamp	['pəʊstɪdʒ ˌstæmp]
colar o selo	to stamp an envelope	[tə stæmp ən 'envələʊp]

43. Banca

banco (m)	bank	[bæŋk]
sucursal, balcão (f)	branch	[brɑ:ntʃ]
consultor (m)	clerk, consultant	[klɜ:k], [kən'sʌltənt]
gerente (m)	manager	['mænɪdʒə(r)]
conta (f)	bank account	[bæŋk ə'kaʊnt]
número (m) da conta	account number	[ə'kaʊnt 'nʌmbə(r)]
conta (f) corrente	checking account	['tʃekɪŋ ə'kaʊnt]
conta (f) poupança	savings account	['seɪvɪŋz ə'kaʊnt]
abrir uma conta	to open an account	[tu 'əʊpən ən ə'kaʊnt]
fechar uma conta	to close the account	[tə kləʊz ði ə'kaʊnt]
depósito (m)	deposit	[dɪ'pɒzɪt]
fazer um depósito	to make a deposit	[tə meɪk ə dɪ'pɒzɪt]
transferência (f) bancária	wire transfer	['waɪə 'trænsfɜ:(r)]
transferir (vt)	to wire, to transfer	[tə 'waɪə], [tə træns'fɜ:]
soma (f)	sum	[sʌm]
Quanto?	How much?	[ˌhaʊ 'mʌtʃ]
assinatura (f)	signature	['sɪgnətʃə(r)]
assinar (vt)	to sign (vt)	[tə saɪn]
cartão (m) de crédito	credit card	['kredɪt kɑ:d]
código (m)	code	[kəʊd]
número (m) do cartão de crédito	credit card number	['kredɪt kɑ:d 'nʌmbə(r)]
Caixa Multibanco (m)	ATM	[ˌeɪti:'em]
cheque (m)	check	[tʃek]
passar um cheque	to write a check	[tə ˌraɪt ə 'tʃek]
livro (m) de cheques	checkbook	['tʃek,bʊk]
empréstimo (m)	loan	[ləʊn]
pedir um empréstimo	to apply for a loan	[tə ə'plaɪ fɔːrə ləʊn]
obter um empréstimo	to get a loan	[tə get ə ləʊn]
conceder um empréstimo	to give a loan	[tə gɪv ə ləʊn]
garantia (f)	guarantee	[ˌgærən'ti:]

44. Telefone. Conversação telefónica

telefone (m)	telephone	['telɪfəʊn]
telemóvel (m)	mobile phone	['məʊbaɪl fəʊn]
atendedor (m) de chamadas	answering machine	['ɑ:nsərɪŋ mə'ʃi:n]

fazer uma chamada	to call (vi, vt)	[tə kɔːl]
chamada (f)	phone call	[fəʊn kɔːl]
marcar um número	to dial a number	[tə 'daɪəl ə 'nʌmbə(r)]
Alô!	Hello!	[həˈləʊ]
perguntar (vt)	to ask (vt)	[tə ɑːsk]
responder (vt)	to answer (vi, vt)	[tə 'ɑːnsə(r)]
ouvir (vt)	to hear (vt)	[tə hɪə(r)]
bem	well	[wel]
mal	not well	[nɒt wel]
ruído (m)	noises	[nɔɪzɪz]
auscultador (m)	receiver	[rɪˈsiːvə(r)]
pegar o telefone	to pick up the phone	[tə pɪk ʌp ðə fəʊn]
desligar (vi)	to hang up	[tə hæŋg ʌp]
ocupado	busy	['bɪzɪ]
tocar (vi)	to ring (vi)	[tə rɪŋ]
lista (f) telefónica	telephone book	['telɪfəʊn bʊk]
local	local	['ləʊkəl]
chamada (f) local	local call	['ləʊkəl kɔːl]
para outra cidade	long distance	[lɒŋ 'dɪstəns]
chamada (f) para outra cidade	long distance call	[lɒŋ 'dɪstəns kɔːl]
internacional	international	[ˌɪntəˈnæʃənəl]
chamada (f) internacional	international call	[ˌɪntəˈnæʃənəl kɔːl]

45. Telefone móvel

telemóvel (m)	mobile phone	['məʊbaɪl fəʊn]
ecrã (m)	display	[dɪˈspleɪ]
botão (m)	button	['bʌtən]
cartão SIM (m)	SIM card	[sɪm kɑːd]
bateria (f)	battery	['bætərɪ]
descarregar-se	to be dead	[tə bi ded]
carregador (m)	charger	['tʃɑːdʒə(r)]
menu (m)	menu	['menjuː]
definições (f pl)	settings	['setɪŋz]
melodia (f)	tune	[tjuːn]
escolher (vt)	to select (vt)	[tə sɪˈlekt]
calculadora (f)	calculator	['kælkjʊleɪtə(r)]
atendedor (m) de chamadas	voice mail	[vɔɪs meɪl]
despertador (m)	alarm clock	[əˈlɑːm klɒk]
contatos (m pl)	contacts	['kɒntækts]

| mensagem (f) de texto | SMS | [ˌesem'es] |
| assinante (m) | subscriber | [səb'skraɪbə(r)] |

46. Estacionário

| caneta (f) | ballpoint pen | ['bɔːlpɔɪnt pen] |
| caneta (f) tinteiro | fountain pen | ['faʊntɪn pen] |

lápis (m)	pencil	['pensəl]
marcador (m)	highlighter	['haɪlaɪtə(r)]
caneta (f) de feltro	felt-tip pen	[felt tɪp pen]

| bloco (m) de notas | notepad | ['nəʊtpæd] |
| agenda (f) | agenda | [ə'dʒendə] |

régua (f)	ruler	['ruːlə(r)]
calculadora (f)	calculator	['kælkjʊleɪtə(r)]
borracha (f)	eraser	[ɪ'reɪsə(r)]
pionés (m)	thumbtack	['θʌmtæk]
clipe (m)	paper clip	['peɪpə klɪp]

cola (f)	glue	[gluː]
agrafador (m)	stapler	['steɪplə(r)]
furador (m)	hole punch	[həʊl pʌntʃ]
afia-lápis (m)	pencil sharpener	['pensəl 'ʃɑːpənə(r)]

47. Línguas estrangeiras

língua (f)	language	['læŋgwɪdʒ]
estrangeiro	foreign	['fɒrən]
estudar (vt)	to study (vt)	[tə 'stʌdɪ]
aprender (vt)	to learn (vt)	[tə lɜːn]

ler (vt)	to read (vi, vt)	[tə riːd]
falar (vi)	to speak (vi, vt)	[tə spiːk]
compreender (vt)	to understand (vt)	[tə ˌʌndə'stænd]
escrever (vt)	to write (vt)	[tə raɪt]

rapidamente	quickly, fast	['kwɪklɪ], [fɑːst]
devagar	slowly	['sləʊlɪ]
fluentemente	fluently	['fluːəntlɪ]

regras (f pl)	rules	[ruːlz]
gramática (f)	grammar	['græmə(r)]
léxico (m)	vocabulary	[və'kæbjʊlərɪ]
fonética (f)	phonetics	[fə'netɪks]
manual (m) escolar	textbook	['tekstbʊk]
dicionário (m)	dictionary	['dɪkʃənərɪ]

| manual (m) de autoaprendizagem | **teach-yourself book** | [ti:tʃ jɔːˈself bʊk] |
| guia (m) de conversação | **phrasebook** | [ˈfreɪzbʊk] |

cassete (f)	**cassette**	[kæˈset]
cassete (f) de vídeo	**videotape**	[ˈvɪdɪəʊteɪp]
CD (m)	**CD, compact disc**	[ˌsiːˈdiː], [kəmˈpækt dɪsk]
DVD (m)	**DVD**	[ˌdiːviːˈdiː]

alfabeto (m)	**alphabet**	[ˈælfəbet]
soletrar (vt)	**to spell** (vt)	[tə spel]
pronúncia (f)	**pronunciation**	[prəˌnʌnsɪˈeɪʃən]

sotaque (m)	**accent**	[ˈæksent]
com sotaque	**with an accent**	[wɪð ən ˈæksent]
sem sotaque	**without an accent**	[wɪˈðaʊt ən ˈæksent]

| palavra (f) | **word** | [wɜːd] |
| sentido (m) | **meaning** | [ˈmiːnɪŋ] |

cursos (m pl)	**course**	[kɔːs]
inscrever-se (vp)	**to sign up** (vi)	[tə saɪn ʌp]
professor (m)	**teacher**	[ˈtiːtʃə(r)]

tradução (texto)	**translation**	[trænsˈleɪʃən]
tradutor (m)	**translator**	[trænsˈleɪtə(r)]
intérprete (m)	**interpreter**	[ɪnˈtɜːprɪtə(r)]

| poliglota (m) | **polyglot** | [ˈpɒlɪɡlɒt] |
| memória (f) | **memory** | [ˈmemərɪ] |

T&P BOOKS

REFEIÇÕES.
RESTAURANTE

T&P Books Publishing

48. Por a mesa

colher (f)	spoon	[spu:n]
faca (f)	knife	[naɪf]
garfo (m)	fork	[fɔːk]
chávena (f)	cup	[kʌp]
prato (m)	plate	[pleɪt]
pires (m)	saucer	['sɔːsə(r)]
guardanapo (m)	napkin	['næpkɪn]
palito (m)	toothpick	['tuːθpɪk]

49. Restaurante

restaurante (m)	restaurant	['restrɒnt]
café (m)	coffee house	['kɒfɪ ˌhaʊs]
bar (m)	pub, bar	[pʌb], [bɑː(r)]
salão (m) de chá	tearoom	['tiːrʊm]

empregado (m) de mesa	waiter	['weɪtə(r)]
empregada (f) de mesa	waitress	['weɪtrɪs]
barman (m)	bartender	['bɑːrˌtendə(r)]

ementa (f)	menu	['menjuː]
lista (f) de vinhos	wine list	['waɪn lɪst]
reservar uma mesa	to book a table	[tə bʊk ə 'teɪbəl]
prato (m)	course, dish	[kɔːs], [dɪʃ]
pedir (vt)	to order (vi, vt)	[tə 'ɔːdə(r)]
fazer o pedido	to make an order	[tə meɪk ən 'ɔːdə(r)]

aperitivo (m)	aperitif	[əperə'tiːf]
entrada (f)	appetizer	['æpɪtaɪzə(r)]
sobremesa (f)	dessert	[dɪ'zɜːt]

conta (f)	check	[tʃek]
pagar a conta	to pay the check	[tə peɪ ðə tʃek]
dar o troco	to give change	[tə gɪv 'tʃeɪndʒ]
gorjeta (f)	tip	[tɪp]

50. Refeições

| comida (f) | food | [fuːd] |
| comer (vt) | to eat (vi, vt) | [tə iːt] |

pequeno-almoço (m)	breakfast	['brekfəst]
tomar o pequeno-almoço	to have breakfast	[tə hæv 'brekfəst]
almoço (m)	lunch	[lʌntʃ]
almoçar (vi)	to have lunch	[tə hæv lʌntʃ]
jantar (m)	dinner	['dɪnə(r)]
jantar (vi)	to have dinner	[tə hæv 'dɪnə(r)]

apetite (m)	appetite	['æpɪtaɪt]
Bom apetite!	Enjoy your meal!	[ɪn'dʒɔɪ jɔː ˌmiːl]

abrir (~ uma lata, etc.)	to open (vt)	[tə 'əʊpən]
derramar (vt)	to spill (vt)	[tə spɪl]
derramar-se (vp)	to spill out (vi)	[tə spɪl aʊt]

estar a ferver (água)	to boil (vi)	[tə bɔɪl]
ferver (vt)	to boil (vt)	[tə bɔɪl]
fervido	boiled	['bɔɪld]
arrefecer (vt)	to chill, cool down (vt)	[tə tʃɪl], [kuːl daʊn]
arrefecer-se (vp)	to chill (vi)	[tə tʃɪl]

sabor, gosto (m)	taste, flavor	[teɪst], ['fleɪvə(r)]
gostinho (m)	aftertaste	['ɑːftəteɪst]

fazer dieta	to slim down	[tə slɪm daʊn]
dieta (f)	diet	['daɪət]
vitamina (f)	vitamin	['vaɪtəmɪn]
caloria (f)	calorie	['kælərɪ]
vegetariano (m)	vegetarian	[ˌvedʒɪ'teərɪən]
vegetariano	vegetarian	[ˌvedʒɪ'teərɪən]

gorduras (f pl)	fats	[fæts]
proteínas (f pl)	proteins	['prəʊtiːnz]
hidratos (m pl) de carbono	carbohydrates	[ˌkɑːbəʊ'haɪdreɪts]
fatia (~ de limão, etc.)	slice	[slaɪs]
pedaço (~ de bolo)	piece	[piːs]
migalha (f)	crumb	[krʌm]

51. Pratos cozinhados

prato (m)	course, dish	[kɔːs], [dɪʃ]
cozinha (~ portuguesa)	cuisine	[kwɪ'ziːn]
receita (f)	recipe	['resɪpɪ]
porção (f)	portion	['pɔːʃən]

salada (f)	salad	['sæləd]
sopa (f)	soup	[suːp]

caldo (m)	clear soup	[ˌklɪə 'suːp]
sandes (f)	sandwich	['sænwɪdʒ]
ovos (m pl) estrelados	fried eggs	['fraɪd ˌegz]

croquete (m)	**fried meatballs**	[fraɪd 'miːtbɔːlz]
hambúrguer (m)	**hamburger**	['hæmbɜːɡə(r)]
bife (m)	**steak**	[steɪk]
guisado (m)	**stew**	[stjuː]
conduto (m)	**side dish**	[saɪd dɪʃ]
espaguete (m)	**spaghetti**	[spə'ɡetɪ]
puré (m) de batata	**mashed potatoes**	[mæʃt pə'teɪtəuz]
pizza (f)	**pizza**	['piːtsə]
papa (f)	**porridge**	['pɒrɪdʒ]
omelete (f)	**omelet**	['ɒmlɪt]
cozido em água	**boiled**	['bɔɪld]
fumado	**smoked**	[sməʊkt]
frito	**fried**	[fraɪd]
seco	**dried**	[draɪd]
congelado	**frozen**	['frəʊzən]
em vinagre	**pickled**	['pɪkəld]
doce (açucarado)	**sweet**	[swiːt]
salgado	**salty**	['sɔːltɪ]
frio	**cold**	[kəʊld]
quente	**hot**	[hɒt]
amargo	**bitter**	['bɪtə(r)]
gostoso	**tasty**	['teɪstɪ]
cozinhar (em água a ferver)	**to cook in boiling water**	[tə kʊk in 'bɔɪlɪŋ 'wɔːtə]
fazer, preparar (vt)	**to cook** (vt)	[tə kʊk]
fritar (vt)	**to fry** (vt)	[tə fraɪ]
aquecer (vt)	**to heat up**	[tə hiːt ʌp]
salgar (vt)	**to salt** (vt)	[tə sɔːlt]
apimentar (vt)	**to pepper** (vt)	[tə 'pepə(r)]
ralar (vt)	**to grate** (vt)	[tə ɡreɪt]
casca (f)	**peel**	[piːl]
descascar (vt)	**to peel** (vt)	[tə piːl]

52. Comida

carne (f)	**meat**	[miːt]
galinha (f)	**chicken**	['tʃɪkɪn]
frango (m)	**Rock Cornish hen**	[rɒk 'kɔːnɪʃ hen]
pato (m)	**duck**	[dʌk]
ganso (m)	**goose**	[ɡuːs]
caça (f)	**game**	[ɡeɪm]
peru (m)	**turkey**	['tɜːkɪ]
carne (f) de porco	**pork**	[pɔːk]
carne (f) de vitela	**veal**	[viːl]

carne (f) de carneiro	**lamb**	[læm]
carne (f) de vaca	**beef**	[biːf]
carne (f) de coelho	**rabbit**	['ræbɪt]
chouriço (m)	**sausage**	['sɒsɪdʒ]
salsicha (f)	**vienna sausage**	[vɪ'enə 'sɒsɪdʒ]
bacon (m)	**bacon**	['beɪkən]
fiambre (f)	**ham**	[hæm]
presunto (m)	**gammon**	['gæmən]
patê (m)	**pâté**	['pæteɪ]
iscas (f pl)	**liver**	['lɪvə(r)]
toucinho (m)	**lard**	[lɑːd]
carne (f) moída	**hamburger**	['hæmbɜːgə(r)]
língua (f)	**tongue**	[tʌŋ]
ovo (m)	**egg**	[eg]
ovos (m pl)	**eggs**	[egz]
clara (f) do ovo	**egg white**	['eg ˌwaɪt]
gema (f) do ovo	**egg yolk**	['eg ˌjəʊk]
peixe (m)	**fish**	[fɪʃ]
marisco (m)	**seafood**	['siːfuːd]
crustáceos (m pl)	**crustaceans**	[krʌ'steɪʃənz]
caviar (m)	**caviar**	['kævɪɑː(r)]
caranguejo (m)	**crab**	[kræb]
camarão (m)	**shrimp**	[ʃrɪmp]
ostra (f)	**oyster**	['ɔɪstə(r)]
lagosta (f)	**spiny lobster**	['spaɪnɪ 'lɒbstə(r)]
polvo (m)	**octopus**	['ɒktəpəs]
lula (f)	**squid**	[skwɪd]
esturjão (m)	**sturgeon**	['stɜːdʒən]
salmão (m)	**salmon**	['sæmən]
halibute (m)	**halibut**	['hælɪbət]
bacalhau (m)	**cod**	[kɒd]
cavala (m), sarda (f)	**mackerel**	['mækərəl]
atum (m)	**tuna**	['tuːnə]
enguia (f)	**eel**	[iːl]
truta (f)	**trout**	[traʊt]
sardinha (f)	**sardine**	[sɑː'diːn]
lúcio (m)	**pike**	[paɪk]
arenque (m)	**herring**	['herɪŋ]
pão (m)	**bread**	[bred]
queijo (m)	**cheese**	[tʃiːz]
açúcar (m)	**sugar**	['ʃʊgə(r)]
sal (m)	**salt**	[sɔːlt]
arroz (m)	**rice**	[raɪs]

| massas (f pl) | pasta | ['pæstə] |
| talharim (m) | noodles | ['nu:dəlz] |

manteiga (f)	butter	['bʌtə(r)]
óleo (m)	vegetable oil	['vedʒtəbəl ɔɪl]
óleo (m) de girassol	sunflower oil	['sʌn,flaʊə ɔɪl]
margarina (f)	margarine	[,ma:dʒə'ri:n]

| azeitonas (f pl) | olives | ['ɒlɪvz] |
| azeite (m) | olive oil | ['ɒlɪv ,ɔɪl] |

leite (m)	milk	[mɪlk]
leite (m) condensado	condensed milk	[kən'denst mɪlk]
iogurte (m)	yogurt	['jəʊgərt]
creme (m) azedo	sour cream	['saʊə ,kri:m]
nata (f) do leite	cream	[kri:m]

| maionese (f) | mayonnaise | [,meɪə'neɪz] |
| creme (m) | buttercream | ['bʌtə,kri:m] |

grãos (m pl) de cereais	cereal grains	['sɪərɪəl greɪnz]
farinha (f)	flour	['flaʊə(r)]
conservas (f pl)	canned food	[kænd fu:d]

flocos (m pl) de milho	cornflakes	['kɔ:nfleɪks]
mel (m)	honey	['hʌnɪ]
doce (m)	jam	[dʒæm]
pastilha (f) elástica	chewing gum	['tʃu:ɪŋ ,gʌm]

53. Bebidas

água (f)	water	['wɔ:tə(r)]
água (f) potável	drinking water	['drɪŋkɪŋ 'wɔ:tə(r)]
água (f) mineral	mineral water	['mɪnərəl 'wɔ:tə(r)]

sem gás	still	[stɪl]
gaseificada	carbonated	['ka:bəneɪtɪd]
com gás	sparkling	['spa:klɪŋ]
gelo (m)	ice	[aɪs]
com gelo	with ice	[wɪð aɪs]

sem álcool	non-alcoholic	[nɒn ,ælkə'hɒlɪk]
bebida (f) sem álcool	soft drink	[sɒft drɪŋk]
refresco (m)	refreshing drink	[rɪ'freʃɪŋ drɪŋk]
limonada (f)	lemonade	[,lemə'neɪd]

bebidas (f pl) alcoólicas	liquors	['lɪkəz]
vinho (m)	wine	[waɪn]
vinho (m) branco	white wine	['waɪt ,waɪn]
vinho (m) tinto	red wine	['red ,waɪn]

licor (m)	liqueur	[lɪ'kjʊə(r)]
champanhe (m)	champagne	[ʃæm'peɪn]
vermute (m)	vermouth	[vɜ:'mu:θ]

uísque (m)	whisky	['wɪskɪ]
vodka (f)	vodka	['vɒdkə]
gim (m)	gin	[dʒɪn]
conhaque (m)	cognac	['kɒnjæk]
rum (m)	rum	[rʌm]

café (m)	coffee	['kɒfɪ]
café (m) puro	black coffee	[blæk 'kɒfɪ]
café (m) com leite	coffee with milk	['kɒfɪ wɪð mɪlk]
cappuccino (m)	cappuccino	[ˌkæpʊ'tʃi:nəʊ]
café (m) solúvel	instant coffee	['ɪnstənt 'kɒfɪ]

leite (m)	milk	[mɪlk]
coquetel (m)	cocktail	['kɒkteɪl]
batido (m) de leite	milkshake	['mɪlk ʃeɪk]

sumo (m)	juice	[dʒu:s]
sumo (m) de tomate	tomato juice	[tə'meɪtəʊ dʒu:s]
sumo (m) de laranja	orange juice	['ɒrɪndʒ ˌdʒu:s]
sumo (m) fresco	freshly squeezed juice	['freʃlɪ skwi:zd dʒu:s]

cerveja (f)	beer	[bɪə(r)]
cerveja (f) clara	light beer	[ˌlaɪt 'bɪə(r)]
cerveja (m) preta	dark beer	['dɑ:k ˌbɪə(r)]

chá (m)	tea	[ti:]
chá (m) preto	black tea	[blæk ti:]
chá (m) verde	green tea	['gri:nˌti:]

54. Vegetais

| legumes (m pl) | vegetables | ['vedʒtəbəlz] |
| verduras (f pl) | greens | [gri:nz] |

tomate (m)	tomato	[tə'meɪtəʊ]
pepino (m)	cucumber	['kju:kʌmbə(r)]
cenoura (f)	carrot	['kærət]
batata (f)	potato	[pə'teɪtəʊ]
cebola (f)	onion	['ʌnjən]
alho (m)	garlic	['gɑ:lɪk]

couve (f)	cabbage	['kæbɪdʒ]
couve-flor (f)	cauliflower	['kɒlɪˌflaʊə(r)]
couve-de-bruxelas (f)	Brussels sprouts	['brʌsəlz ˌspraʊts]
brócolos (m pl)	broccoli	['brɒkəlɪ]
beterraba (f)	beetroot	['bi:tru:t]

beringela (f)	eggplant	['egplɑːnt]
curgete (f)	zucchini	[zuːˈkiːnɪ]
abóbora (f)	pumpkin	['pʌmpkɪn]
nabo (m)	turnip	['tɜːnɪp]

salsa (f)	parsley	['pɑːslɪ]
funcho, endro (m)	dill	[dɪl]
alface (f)	lettuce	['letɪs]
aipo (m)	celery	['selərɪ]
espargo (m)	asparagus	[əˈspærəgəs]
espinafre (m)	spinach	['spɪnɪdʒ]

ervilha (f)	pea	[piː]
fava (f)	beans	[biːnz]
milho (m)	corn	[kɔːn]
feijão (m)	kidney bean	['kɪdnɪ biːn]

pimentão (m)	bell pepper	[bel 'pepə(r)]
rabanete (m)	radish	['rædɪʃ]
alcachofra (f)	artichoke	['ɑːtɪʃəʊk]

55. Frutos. Nozes

fruta (f)	fruit	[fruːt]
maçã (f)	apple	['æpəl]
pera (f)	pear	[peə(r)]
limão (m)	lemon	['lemən]
laranja (f)	orange	['ɒrɪndʒ]
morango (m)	strawberry	['strɔːbərɪ]

tangerina (f)	mandarin	['mændərɪn]
ameixa (f)	plum	[plʌm]
pêssego (m)	peach	[piːtʃ]
damasco (m)	apricot	['eɪprɪkɒt]
framboesa (f)	raspberry	['rɑːzbərɪ]
ananás (m)	pineapple	['paɪnˌæpəl]

banana (f)	banana	[bəˈnɑːnə]
melancia (f)	watermelon	['wɔːtəˌmelən]
uva (f)	grape	[greɪp]
ginja (f)	sour cherry	['saʊə 'tʃerɪ]
cereja (f)	sweet cherry	[swiːt 'tʃerɪ]
meloa (f)	melon	['melən]

toranja (f)	grapefruit	['greɪpfruːt]
abacate (m)	avocado	[ˌævəˈkɑːdəʊ]
papaia (f)	papaya	[pəˈpaɪə]
manga (f)	mango	['mæŋgəʊ]
romã (f)	pomegranate	['pɒmɪˌgrænɪt]
groselha (f) vermelha	redcurrant	['redkʌrənt]

groselha (f) preta	blackcurrant	[ˌblæk'kʌrənt]
groselha (f) espinhosa	gooseberry	['ɡuzbərɪ]
mirtilo (m)	bilberry	['bɪlbərɪ]
amora silvestre (f)	blackberry	['blækbərɪ]

uvas (f pl) passas	raisin	['reɪzən]
figo (m)	fig	[fɪɡ]
tâmara (f)	date	[deɪt]

amendoim (m)	peanut	['piːnʌt]
amêndoa (f)	almond	['ɑːmənd]
noz (f)	walnut	['wɔːlnʌt]
avelã (f)	hazelnut	['heɪzəlnʌt]
coco (m)	coconut	['kəʊkənʌt]
pistáchios (m pl)	pistachios	[pɪ'stɑːʃɪəʊs]

56. Pão. Bolaria

pastelaria (f)	confectionery	[kən'fekʃənərɪ]
pão (m)	bread	[bred]
bolacha (f)	cookies	['kʊkɪz]

chocolate (m)	chocolate	['tʃɒkələt]
de chocolate	chocolate	['tʃɒkələt]
rebuçado (m)	candy	['kændɪ]
bolo (cupcake, etc.)	cake	[keɪk]
bolo (m) de aniversário	cake	[keɪk]

| tarte (~ de maçã) | pie | [paɪ] |
| recheio (m) | filling | ['fɪlɪŋ] |

doce (m)	jam	[dʒæm]
geleia (f) de frutas	marmalade	['mɑːməleɪd]
waffle (m)	waffles	['wɒfəlz]
gelado (m)	ice-cream	[aɪs kriːm]
pudim (m)	pudding	['pʊdɪŋ]

57. Especiarias

sal (m)	salt	[sɔːlt]
salgado	salty	['sɔːltɪ]
salgar (vt)	to salt (vt)	[tə sɔːlt]

pimenta (f) preta	black pepper	[blæk 'pepə(r)]
pimenta (f) vermelha	red pepper	[red 'pepə(r)]
mostarda (f)	mustard	['mʌstəd]
raiz-forte (f)	horseradish	['hɔːsˌrædɪʃ]
condimento (m)	condiment	['kɒndɪmənt]

especiaria (f)	**spice**	[spaɪs]
molho (m)	**sauce**	[sɔːs]
vinagre (m)	**vinegar**	['vɪnɪgə(r)]
anis (m)	**anise**	['ænɪs]
manjericão (m)	**basil**	['beɪzəl]
cravo (m)	**cloves**	[kləʊvz]
gengibre (m)	**ginger**	['dʒɪndʒə(r)]
coentro (m)	**coriander**	[ˌkɒrɪ'ændə(r)]
canela (f)	**cinnamon**	['sɪnəmən]
sésamo (m)	**sesame**	['sesəmɪ]
folhas (f pl) de louro	**bay leaf**	[beɪ liːf]
páprica (f)	**paprika**	['pæprɪkə]
cominho (m)	**caraway**	['kærəweɪ]
açafrão (m)	**saffron**	['sæfrən]

INFORMAÇÃO PESSOAL. FAMÍLIA

T&P Books Publishing

nome (m)	name, first name	[neɪm], ['fɜːstˌneɪm]
apelido (m)	surname, last name	['sɜːneɪm], [lɑːst neɪm]
data (f) de nascimento	date of birth	[deɪt əv bɜːθ]
local (m) de nascimento	place of birth	[ˌpleɪs əv 'bɜːθ]

nacionalidade (f)	nationality	[ˌnæʃə'næləti]
lugar (m) de residência	place of residence	[ˌpleɪs əv 'rezɪdəns]
país (m)	country	['kʌntrɪ]
profissão (f)	profession	[prə'feʃən]

sexo (m)	gender, sex	['dʒendə(r)], [seks]
estatura (f)	height	[haɪt]
peso (m)	weight	[weɪt]

mãe (f)	mother	['mʌðə(r)]
pai (m)	father	['fɑːðə(r)]
filho (m)	son	[sʌn]
filha (f)	daughter	['dɔːtə(r)]

filha (f) mais nova	younger daughter	[ˌjʌŋgə 'dɔːtə(r)]
filho (m) mais novo	younger son	[ˌjʌŋgə 'sʌn]
filha (f) mais velha	eldest daughter	['eldɪst 'dɔːtə(r)]
filho (m) mais velho	eldest son	['eldɪst sʌn]

| irmão (m) | brother | ['brʌðə(r)] |
| irmã (f) | sister | ['sɪstə(r)] |

primo (m)	cousin	['kʌzən]
prima (f)	cousin	['kʌzən]
mamã (f)	mom, mommy	[mɒm], ['mɒmɪ]
papá (m)	dad, daddy	[dæd], ['dædɪ]
pais (pl)	parents	['peərənts]
criança (f)	child	[tʃaɪld]
crianças (f pl)	children	['tʃɪldrən]

avó (f)	grandmother	['grænˌmʌðə(r)]
avô (m)	grandfather	['grændˌfɑːðə(r)]
neto (m)	grandson	['grænsʌn]
neta (f)	granddaughter	['grænˌdɔːtə(r)]
netos (pl)	grandchildren	['grænˌtʃɪldrən]

tio (m)	uncle	['ʌŋkəl]
tia (f)	aunt	[ɑ:nt]
sobrinho (m)	nephew	['nefju:]
sobrinha (f)	niece	[ni:s]
sogra (f)	mother-in-law	['mʌðər ɪn 'lɔ:]
sogro (m)	father-in-law	['fɑ:ðə ɪn ˌlɔ:]
genro (m)	son-in-law	['sʌn ɪn ˌlɔ:]
madrasta (f)	stepmother	['step̩mʌðə(r)]
padrasto (m)	stepfather	['step̩fɑ:ðə(r)]
criança (f) de colo	infant	['ɪnfənt]
bebé (m)	baby	['beɪbɪ]
menino (m)	little boy	['lɪtəl ˌbɔɪ]
mulher (f)	wife	[waɪf]
marido (m)	husband	['hʌzbənd]
casado	married	['mærɪd]
casada	married	['mærɪd]
solteiro	single	['sɪŋgəl]
solteirão (m)	bachelor	['bætʃələ(r)]
divorciado	divorced	[dɪ'vɔ:st]
viúva (f)	widow	['wɪdəʊ]
viúvo (m)	widower	['wɪdəʊə(r)]
parente (m)	relative	['relətɪv]
parente (m) próximo	close relative	[ˌkləʊs 'relətɪv]
parente (m) distante	distant relative	['dɪstənt 'relətɪv]
parentes (m pl)	relatives	['relətɪvz]
órfão (m), órfã (f)	orphan	['ɔ:fən]
tutor (m)	guardian	['gɑ:djən]
adotar (um filho)	to adopt (vt)	[tə ə'dɒpt]
adotar (uma filha)	to adopt (vt)	[tə ə'dɒpt]

60. Amigos. Colegas de trabalho

amigo (m)	friend	[frend]
amiga (f)	friend, girlfriend	[frend], ['gɜ:lfrend]
amizade (f)	friendship	['frendʃɪp]
ser amigos	to be friends	[tə bi frendz]
amigo (m)	buddy	['bʌdɪ]
amiga (f)	buddy	['bʌdɪ]
parceiro (m)	partner	['pɑ:tnə(r)]
chefe (m)	chief	[tʃi:f]
superior (m)	boss, superior	[bɒs], [su:'pɪərɪə(r)]
subordinado (m)	subordinate	[sə'bɔ:dɪnət]

colega (m)	colleague	['kɒliːg]
conhecido (m)	acquaintance	[ə'kweɪntəns]
companheiro (m) de viagem	fellow traveler	['feləʊ 'trævələ(r)]
colega (m) de classe	classmate	['klɑːsmeɪt]
vizinho (m)	neighbor	['neɪbə(r)]
vizinha (f)	neighbor	['neɪbə(r)]
vizinhos (pl)	neighbors	['neɪbəz]

CORPO HUMANO. MEDICINA

T&P Books Publishing

cabeça (f)	head	[hed]
cara (f)	face	[feɪs]
nariz (m)	nose	[nəʊz]
boca (f)	mouth	[maʊθ]
olho (m)	eye	[aɪ]
olhos (m pl)	eyes	[aɪz]
pupila (f)	pupil	['pju:pəl]
sobrancelha (f)	eyebrow	['aɪbraʊ]
pestana (f)	eyelash	['aɪlæʃ]
pálpebra (f)	eyelid	['aɪlɪd]
língua (f)	tongue	[tʌŋ]
dente (m)	tooth	[tu:θ]
lábios (m pl)	lips	[lɪps]
maçãs (f pl) do rosto	cheekbones	['tʃi:kbəʊnz]
gengiva (f)	gum	[gʌm]
céu (f) da boca	palate	['pælət]
narinas (f pl)	nostrils	['nɒstrɪlz]
queixo (m)	chin	[tʃɪn]
mandíbula (f)	jaw	[dʒɔ:]
bochecha (f)	cheek	[tʃi:k]
testa (f)	forehead	['fɔ:hed]
têmpora (f)	temple	['tempəl]
orelha (f)	ear	[ɪə(r)]
nuca (f)	back of the head	['bæk əv ðə ˌhed]
pescoço (m)	neck	[nek]
garganta (f)	throat	[θrəʊt]
cabelos (m pl)	hair	[heə(r)]
penteado (m)	hairstyle	['heəstaɪl]
corte (m) de cabelo	haircut	['heəkʌt]
peruca (f)	wig	[wɪg]
bigode (m)	mustache	['mʌstæʃ]
barba (f)	beard	[bɪəd]
usar, ter (~ barba, etc.)	to have (vt)	[tə hæv]
trança (f)	braid	[breɪd]
suíças (f pl)	sideburns	['saɪdbɜ:nz]
ruivo	red-haired	['red ˌheəd]
grisalho	gray	[greɪ]

| calvo | bald | [bɔːld] |
| calva (f) | bald patch | [bɔːld pætʃ] |

| rabo-de-cavalo (m) | ponytail | ['pəʊnɪteɪl] |
| franja (f) | bangs | [bæŋz] |

62. Corpo humano

| mão (f) | hand | [hænd] |
| braço (m) | arm | [ɑːm] |

| dedo (m) | finger | ['fɪŋgə(r)] |
| polegar (m) | thumb | [θʌm] |

| dedo (m) mindinho | little finger | [ˌlɪtəl 'fɪŋgə(r)] |
| unha (f) | nail | [neɪl] |

punho (m)	fist	[fɪst]
palma (f) da mão	palm	[pɑːm]
pulso (m)	wrist	[rɪst]
antebraço (m)	forearm	['fɔːrˌɑːm]

| cotovelo (m) | elbow | ['elbəʊ] |
| ombro (m) | shoulder | ['ʃəʊldə(r)] |

perna (f)	leg	[leg]
pé (m)	foot	[fʊt]
joelho (m)	knee	[niː]
barriga (f) da perna	calf	[kɑːf]

| anca (f) | hip | [hɪp] |
| talão (m) | heel | [hiːl] |

corpo (m)	body	['bɒdɪ]
barriga (f)	stomach	['stʌmək]
peito (m)	chest	[tʃest]
seio (m)	breast	[brest]
lado (m)	flank	[flæŋk]
costas (f pl)	back	[bæk]

| região (f) lombar | lower back | ['ləʊə bæk] |
| cintura (f) | waist | [weɪst] |

umbigo (m)	navel, belly button	['neɪvəl], ['belɪ 'bʌtən]
nádegas (f pl)	buttocks	['bʌtəks]
traseiro (m)	bottom	['bɒtəm]

sinal (m)	beauty mark	['bjuːtɪ mɑːk]
tatuagem (f)	tattoo	[tə'tuː]
cicatriz (f)	scar	[skɑː(r)]

63. Doenças

doença (f)	sickness	['sɪknɪs]
estar doente	to be sick	[tə bi 'sɪk]
saúde (f)	health	[helθ]
nariz (m) a escorrer	runny nose	[ˌrʌnɪ 'nəʊz]
amigdalite (f)	tonsillitis	[ˌtɒnsɪ'laɪtɪs]
constipação (f)	cold	[kəʊld]
constipar-se (vp)	to catch a cold	[tə kætʃ ə 'kəʊld]
bronquite (f)	bronchitis	[brɒŋ'kaɪtɪs]
pneumonia (f)	pneumonia	[nju:'məʊnɪə]
gripe (f)	flu	[flu:]
míope	nearsighted	[ˌnɪə'saɪtɪd]
presbita	farsighted	['fɑ: ˌsaɪtɪd]
estrabismo (m)	strabismus	[strə'bɪzməs]
estrábico	cross-eyed	[krɒs 'aɪd]
catarata (f)	cataract	['kætərækt]
glaucoma (m)	glaucoma	[glɔ:'kəʊmə]
AVC (m), apoplexia (f)	stroke	[strəʊk]
ataque (m) cardíaco	heart attack	['hɑ:t əˌtæk]
enfarte (m) do miocárdio	myocardial infarction	[ˌmaɪəʊ'kɑ:dɪəl ɪn'fɑ:kʃən]
paralisia (f)	paralysis	[pə'rælɪsɪs]
paralisar (vt)	to paralyze (vt)	[tə 'pærəlaɪz]
alergia (f)	allergy	['ælədʒɪ]
asma (f)	asthma	['æsmə]
diabetes (f)	diabetes	[ˌdaɪə'bi:ti:z]
dor (f) de dentes	toothache	['tu:θeɪk]
cárie (f)	caries	['keəri:z]
diarreia (f)	diarrhea	[ˌdaɪə'rɪə]
prisão (f) de ventre	constipation	[ˌkɒnstɪ'peɪʃən]
desarranjo (m) intestinal	stomach upset	['stʌmək 'ʌpset]
intoxicação (f) alimentar	food poisoning	[fu:d 'pɔɪzənɪŋ]
artrite (f)	arthritis	[ɑ:'θraɪtɪs]
raquitismo (m)	rickets	['rɪkɪts]
reumatismo (m)	rheumatism	['ru:mətɪzəm]
arteriosclerose (f)	atherosclerosis	[ˌæθərəʊsklɪ'rəʊsɪs]
gastrite (f)	gastritis	[gæs'traɪtɪs]
apendicite (f)	appendicitis	[əˌpendɪ'saɪtɪs]
colecistite (f)	cholecystitis	[ˌkɒlɪsɪs'taɪtɪs]
úlcera (f)	ulcer	['ʌlsə(r)]
sarampo (m)	measles	['mi:zəlz]
rubéola (f)	rubella	[ru:'belə]

| iterícia (f) | jaundice | ['dʒɔːndɪs] |
| hepatite (f) | hepatitis | [ˌhepə'taɪtɪs] |

esquizofrenia (f)	schizophrenia	[ˌskɪtsə'friːnɪə]
raiva (f)	rabies	['reɪbiːz]
neurose (f)	neurosis	[ˌnjʊə'rəʊsɪs]
comoção (f) cerebral	concussion	[kən'kʌʃən]

cancro (m)	cancer	['kænsə(r)]
esclerose (f)	sclerosis	[sklə'rəʊsɪs]
esclerose (f) múltipla	multiple sclerosis	['mʌltɪpəl sklə'rəʊsɪs]

alcoolismo (m)	alcoholism	['ælkəhɒlɪzəm]
alcoólico (m)	alcoholic	[ˌælkə'hɒlɪk]
sífilis (f)	syphilis	['sɪfɪlɪs]
SIDA (f)	AIDS	[eɪdz]

tumor (m)	tumor	['tjuːmə(r)]
febre (f)	fever	['fiːvə(r)]
malária (f)	malaria	[mə'leərɪə]
gangrena (f)	gangrene	['gæŋgriːn]
enjoo (m)	seasickness	['siːsɪknɪs]
epilepsia (f)	epilepsy	['epɪlepsɪ]

epidemia (f)	epidemic	[ˌepɪ'demɪk]
tifo (m)	typhus	['taɪfəs]
tuberculose (f)	tuberculosis	[tjuːˌbɜːkjʊ'ləʊsɪs]
cólera (f)	cholera	['kɒlərə]
peste (f)	plague	[pleɪg]

64. Simtomas. Tratamentos. Parte 1

sintoma (m)	symptom	['sɪmptəm]
temperatura (f)	temperature	['temprətʃə(r)]
febre (f)	high temperature, fever	[haɪ 'temprətʃə(r)], ['fiːvə(r)]
pulso (m)	pulse	[pʌls]

vertigem (f)	dizziness	['dɪzɪnɪs]
quente (testa, etc.)	hot	[hɒt]
calafrio (m)	shivering	['ʃɪvərɪŋ]
pálido	pale	[peɪl]

tosse (f)	cough	[kɒf]
tossir (vi)	to cough (vi)	[tə kɒf]
espirrar (vi)	to sneeze (vi)	[tə sniːz]
desmaio (m)	faint	[feɪnt]
desmaiar (vi)	to faint (vi)	[tə feɪnt]

| nódoa (f) negra | bruise | [bruːz] |
| galo (m) | bump | [bʌmp] |

magoar-se (vp)	to bang (vi)	[tə bæŋ]
pisadura (f)	bruise	[bru:z]
aleijar-se (vp)	to get a bruise	[tə get ə bru:z]

coxear (vi)	to limp (vi)	[tə lɪmp]
deslocação (f)	dislocation	[ˌdɪslə'keɪʃən]
deslocar (vt)	to dislocate (vt)	[tə 'dɪsləkeɪt]
fratura (f)	fracture	['fræktʃə(r)]
fraturar (vt)	to have a fracture	[tə hæv ə 'fræktʃə(r)]

corte (m)	cut	[kʌt]
cortar-se (vp)	to cut oneself	[tə kʌt wʌn'self]
hemorragia (f)	bleeding	['bli:dɪŋ]

| queimadura (f) | burn | [bɜ:n] |
| queimar-se (vp) | to get burned | [tə get 'bɜ:nd] |

picar (vt)	to prick (vt)	[tə prɪk]
picar-se (vp)	to prick oneself	[tə prɪk wʌn'self]
lesionar (vt)	to injure (vt)	[tə 'ɪndʒə(r)]
lesão (m)	injury	['ɪndʒərɪ]
ferida (f), ferimento (m)	wound	[wu:nd]
trauma (m)	trauma	['trɑʊmə]

delirar (vi)	to be delirious	[tə bi dɪ'lɪrɪəs]
gaguejar (vi)	to stutter (vi)	[tə 'stʌtə(r)]
insolação (f)	sunstroke	['sʌnstrəʊk]

65. Simtomas. Tratamentos. Parte 2

| dor (f) | pain | [peɪn] |
| farpa (no dedo) | splinter | ['splɪntə(r)] |

suor (m)	sweat	[swet]
suar (vi)	to sweat (vi)	[tə swet]
vómito (m)	vomiting	['vɒmɪtɪŋ]
convulsões (f pl)	convulsions	[kən'vʌlʃənz]

grávida	pregnant	['pregnənt]
nascer (vi)	to be born	[tə bi bɔ:n]
parto (m)	delivery, labor	[dɪ'lɪvərɪ], ['leɪbə(r)]
dar â luz	to deliver (vt)	[tə dɪ'lɪvə(r)]
aborto (m)	abortion	[ə'bɔːʃən]

respiração (f)	breathing, respiration	['briːðɪŋ], [ˌrespə'reɪʃən]
inspiração (f)	in-breath, inhalation	['ɪnbreθ], [ˌɪnhə'leɪʃən]
expiração (f)	out-breath, exhalation	['ɑʊtbreθ],[ˌeksə'leɪʃən]
expirar (vi)	to exhale (vi)	[tə eks'heɪl]
inspirar (vi)	to inhale (vi)	[tə ɪn'heɪl]
inválido (m)	disabled person	[dɪs'eɪbəld 'pɜːsən]

aleijado (m)	**cripple**	['krɪpəl]
toxicodependente (m)	**drug addict**	['drʌg͵ædɪkt]
surdo	**deaf**	[def]
mudo	**mute**	[mju:t]
surdo-mudo	**deaf mute**	[def mju:t]
louco (adj.)	**mad, insane**	[mæd], [ɪn'seɪn]
louco (m)	**madman**	['mædmən]
louca (f)	**madwoman**	['mæd͵wʊmən]
ficar louco	**to go insane**	[tə gəʊ ɪn'seɪn]
gene (m)	**gene**	[dʒi:n]
imunidade (f)	**immunity**	[ɪ'mju:nətɪ]
hereditário	**hereditary**	[hɪ'redɪtərɪ]
congénito	**congenital**	[kən'dʒenɪtəl]
vírus (m)	**virus**	['vaɪrəs]
micróbio (m)	**microbe**	['maɪkrəʊb]
bactéria (f)	**bacterium**	[bæk'tɪərɪəm]
infeção (f)	**infection**	[ɪn'fekʃən]

66. Simtomas. Tratamentos. Parte 3

hospital (m)	**hospital**	['hɒspɪtəl]
paciente (m)	**patient**	['peɪʃənt]
diagnóstico (m)	**diagnosis**	[͵daɪəg'nəʊsɪs]
cura (f)	**cure**	[kjʊə]
tratamento (m) médico	**treatment**	['tri:tmənt]
curar-se (vp)	**to get treatment**	[tə get 'tri:tmənt]
tratar (vt)	**to treat** (vt)	[tə tri:t]
cuidar (pessoa)	**to nurse** (vt)	[tə nɜ:s]
cuidados (m pl)	**care**	[keə(r)]
operação (f)	**operation, surgery**	[͵ɒpə'reɪʃən], ['sɜ:dʒərɪ]
pôr uma ligadura	**to bandage** (vt)	[tə 'bændɪdʒ]
ligadura (f)	**bandaging**	['bændɪdʒɪŋ]
vacinação (f)	**vaccination**	[͵væksɪ'neɪʃən]
vacinar (vt)	**to vaccinate** (vt)	[tə 'væksɪneɪt]
injeção (f)	**injection, shot**	[ɪn'dʒekʃən], [ʃɒt]
dar uma injeção	**to give an injection**	[tə͵gɪv ən ɪn'dʒekʃən]
ataque (~ de asma, etc.)	**attack**	[ə'tæk]
amputação (f)	**amputation**	[͵æmpjʊ'teɪʃən]
amputar (vt)	**to amputate** (vt)	[tə 'æmpjuteɪt]
coma (m)	**coma**	['kəʊmə]
estar em coma	**to be in a coma**	[tə bi ɪn ə 'kəʊmə]
reanimação (f)	**intensive care**	[ɪn'tensɪv ͵keə(r)]

recuperar-se (vp)	to recover (vi)	[tə rɪˈkʌvə(r)]
estado (~ de saúde)	condition	[kənˈdɪʃən]
consciência (f)	consciousness	[ˈkɒnʃəsnɪs]
memória (f)	memory	[ˈmemərɪ]
tirar (vt)	to pull out	[tə ˌpʊl ˈaʊt]
chumbo (m), obturação (f)	filling	[ˈfɪlɪŋ]
chumbar, obturar (vt)	to fill (vt)	[tə fɪl]
hipnose (f)	hypnosis	[hɪpˈnəʊsɪs]
hipnotizar (vt)	to hypnotize (vt)	[tə ˈhɪpnətaɪz]

67. Medicina. Drogas. Acessórios

medicamento (m)	medicine, drug	[ˈmedsɪn], [drʌg]
remédio (m)	remedy	[ˈremədɪ]
receitar (vt)	to prescribe (vt)	[tə prɪˈskraɪb]
receita (f)	prescription	[prɪˈskrɪpʃən]
comprimido (m)	tablet, pill	[ˈtæblɪt], [pɪl]
pomada (f)	ointment	[ˈɔɪntmənt]
ampola (f)	ampule	[ˈæmpuːl]
preparado (m)	mixture	[ˈmɪkstʃə(r)]
xarope (m)	syrup	[ˈsɪrəp]
cápsula (f)	pill	[pɪl]
remédio (m) em pó	powder	[ˈpaʊdə(r)]
ligadura (f)	bandage	[ˈbændɪdʒ]
algodão (m)	cotton wool	[ˈkɒtən ˌwʊl]
iodo (m)	iodine	[ˈaɪədaɪn]
penso (m) rápido	Band-Aid	[ˈbændˌeɪd]
conta-gotas (f)	eyedropper	[aɪ ˈdrɒpə(r)]
termómetro (m)	thermometer	[θəˈmɒmɪtə(r)]
seringa (f)	syringe	[sɪˈrɪndʒ]
cadeira (m) de rodas	wheelchair	[ˈwiːlˌtʃeə(r)]
muletas (f pl)	crutches	[krʌtʃɪz]
analgésico (m)	painkiller	[ˈpeɪnˌkɪlə(r)]
laxante (m)	laxative	[ˈlæksətɪv]
álcool (m) etílico	spirits (ethanol)	[ˈspɪrɪts], [ˈeθənɒl]
ervas (f pl) medicinais	medicinal herbs	[məˈdɪsɪnəl ɜːrbz]
de ervas (chá ~)	herbal	[ˈɜːrbəl]

APARTAMENTO

T&P Books Publishing

68. Apartamento

apartamento (m)	**apartment**	[ə'pɑ:tmənt]
quarto (m)	**room**	[rʊ:m]
quarto (m) de dormir	**bedroom**	['bedrʊm]
sala (f) de jantar	**dining room**	['daɪnɪŋ rʊm]
sala (f) de estar	**living room**	['lɪvɪŋ ru:m]
escritório (m)	**study**	['stʌdɪ]
antessala (f)	**entry room**	['entrɪ ru:m]
quarto (m) de banho	**bathroom**	['bɑ:θrʊm]
quarto (m) de banho	**half bath**	[hɑ:f bɑ:θ]
teto (m)	**ceiling**	['si:lɪŋ]
chão, soalho (m)	**floor**	[flɔ:(r)]
canto (m)	**corner**	['kɔ:nə(r)]

69. Mobiliário. Interior

mobiliário (m)	**furniture**	['fɜ:nɪtʃə(r)]
mesa (f)	**table**	['teɪbəl]
cadeira (f)	**chair**	[tʃeə(r)]
cama (f)	**bed**	[bed]
divã (m)	**couch, sofa**	[kaʊtʃ], ['səʊfə]
cadeirão (m)	**armchair**	['ɑ:mtʃeə(r)]
biblioteca (f)	**bookcase**	['bʊkkeɪs]
prateleira (f)	**shelf**	[ʃelf]
estante (f)	**shelving unit**	['ʃelvɪŋ 'ju:nɪt]
guarda-vestidos (m)	**wardrobe**	['wɔ:drəʊb]
cabide (m) de parede	**coat rack**	['kəʊt ˌræk]
cabide (m) de pé	**coat stand**	['kəʊt stænd]
cómoda (f)	**bureau, dresser**	['bjʊərəʊ], ['dresə(r)]
mesinha (f) de centro	**coffee table**	['kɒfɪ 'teɪbəl]
espelho (m)	**mirror**	['mɪrə(r)]
tapete (m)	**carpet**	['kɑ:pɪt]
tapete (m) pequeno	**rug, small carpet**	[rʌg], [smɔ:l 'kɑ:pɪt]
lareira (f)	**fireplace**	['faɪəpleɪs]
vela (f)	**candle**	['kændəl]
castiçal (m)	**candlestick**	['kændəlstɪk]

cortinas (f pl)	drapes	[dreɪps]
papel (m) de parede	wallpaper	['wɔːlˌpeɪpə(r)]
estores (f pl)	blinds	[blaɪndz]

candeeiro (m) de mesa	table lamp	['teɪbəl læmp]
candeeiro (m) de pé	floor lamp	[flɔː læmp]
lustre (m)	chandelier	[ʃændə'lɪə(r)]

perna (da cadeira, etc.)	leg	[leg]
braço (m)	armrest	['ɑːmrest]
costas (f pl)	back	[bæk]
gaveta (f)	drawer	[drɔː(r)]

70. Quarto de dormir

roupa (f) de cama	bedclothes	['bedkləʊðz]
almofada (f)	pillow	['pɪləʊ]
fronha (f)	pillowcase	['pɪləʊkeɪs]
cobertor (m)	duvet, comforter	['duːveɪ], ['kʌmfətə(r)]
lençol (m)	sheet	[ʃiːt]
colcha (f)	bedspread	['bedspred]

71. Cozinha

cozinha (f)	kitchen	['kɪtʃɪn]
gás (m)	gas	[gæs]
fogão (m) a gás	gas stove	['gæs stəʊv]
fogão (m) elétrico	electric stove	[ɪ'lektrɪk stəʊv]
forno (m)	oven	['ʌvən]
forno (m) de micro-ondas	microwave oven	['maɪkrəweɪv 'ʌvən]

frigorífico (m)	fridge	[frɪdʒ]
congelador (m)	freezer	['friːzə(r)]
máquina (f) de lavar louça	dishwasher	['dɪʃˌwɒʃə(r)]

moedor (m) de carne	meat grinder	[miːt 'graɪndə(r)]
espremedor (m)	juicer	['dʒuːsə]
torradeira (f)	toaster	['təʊstə(r)]
batedeira (f)	mixer	['mɪksə(r)]

máquina (f) de café	coffee machine	['kɒfɪ mə'ʃiːn]
cafeteira (f)	coffee pot	['kɒfɪ pɒt]
moinho (m) de café	coffee grinder	['kɒfɪ 'graɪndə(r)]

chaleira (f)	kettle	['ketəl]
bule (m)	teapot	['tiːpɒt]
tampa (f)	lid	[lɪd]
coador (f) de chá	tea strainer	[tiː 'streɪnə(r)]

colher (f)	spoon	[spu:n]
colher (f) de chá	teaspoon	['ti:spu:n]
colher (f) de sopa	soup spoon	[su:p spu:n]
garfo (m)	fork	[fɔ:k]
faca (f)	knife	[naɪf]

louça (f)	tableware	['teɪbəlweə(r)]
prato (m)	plate	[pleɪt]
pires (m)	saucer	['sɔ:sə(r)]

cálice (m)	shot glass	[ʃɒt glɑ:s]
copo (m)	glass	[glɑ:s]
chávena (f)	cup	[kʌp]

açucareiro (m)	sugar bowl	['ʃʊgə ˌbəʊl]
saleiro (m)	salt shaker	[sɒlt 'ʃeɪkə]
pimenteiro (m)	pepper shaker	['pepə 'ʃeɪkə]
manteigueira (f)	butter dish	['bʌtə dɪʃ]

panela (f)	stock pot	[stɒk pɒt]
frigideira (f)	frying pan	['fraɪɪŋ pæn]
concha (f)	ladle	['leɪdəl]
passador (m)	colander	['kʌləndə(r)]
bandeja (f)	tray	[treɪ]

garrafa (f)	bottle	['bɒtəl]
boião (m) de vidro	jar	[dʒɑ:(r)]
lata (f)	can	[kæn]

abridor (m) de garrafas	bottle opener	['bɒtəl 'əʊpənə(r)]
abre-latas (m)	can opener	[kæn 'əʊpənə(r)]
saca-rolhas (m)	corkscrew	['kɔ:kskru:]
filtro (m)	filter	['fɪltə(r)]
filtrar (vt)	to filter (vt)	[tə 'fɪltə(r)]

| lixo (m) | trash | [træʃ] |
| balde (m) do lixo | trash can | ['træʃkæn] |

72. Casa de banho

quarto (m) de banho	bathroom	['bɑ:θrʊm]
água (f)	water	['wɔ:tə(r)]
torneira (f)	faucet	['fɔ:sɪt]
água (f) quente	hot water	[hɒt 'wɔ:tə(r)]
água (f) fria	cold water	[ˌkəʊld 'wɔ:tə(r)]

pasta (f) de dentes	toothpaste	['tu:θpeɪst]
escovar os dentes	to brush one's teeth	[tə brʌʃ wʌns 'ti:θ]
barbear-se (vp)	to shave (vi)	[tə ʃeɪv]
espuma (f) de barbear	shaving foam	['ʃeɪvɪŋ fəʊm]

máquina (f) de barbear	razor	['reɪzə(r)]
lavar (vt)	to wash (vt)	[tə wɒʃ]
lavar-se (vp)	to take a bath	[tə teɪk ə bɑ:θ]
duche (m)	shower	['ʃaʊə(r)]
tomar um duche	to take a shower	[tə teɪk ə 'ʃaʊə(r)]
banheira (f)	bathtub	['bɑ:θtʌb]
sanita (f)	toilet	['tɔɪlɪt]
lavatório (m)	sink, washbasin	[sɪŋk], ['wɒʃˌbeɪsən]
sabonete (m)	soap	[səʊp]
saboneteira (f)	soap dish	['səʊpdɪʃ]
esponja (f)	sponge	[spʌndʒ]
champô (m)	shampoo	[ʃæm'pu:]
toalha (f)	towel	['taʊəl]
roupão (m) de banho	bathrobe	['bɑ:θrəʊb]
lavagem (f)	laundry	['lɔ:ndrɪ]
máquina (f) de lavar	washing machine	['wɒʃɪŋ mə'ʃi:n]
lavar a roupa	to do the laundry	[tə du: ðə 'lɔ:ndrɪ]
detergente (m)	laundry detergent	['lɔ:ndrɪ dɪ'tɜ:dʒənt]

73. Eletrodomésticos

televisor (m)	TV set	[ˌti:'vi: set]
gravador (m)	tape recorder	[teɪp rɪ'kɔ:də(r)]
videogravador (m)	video, VCR	['vɪdɪəʊ], [ˌvi:si:'ɑ:(r)]
rádio (m)	radio	['reɪdɪəʊ]
leitor (m)	player	['pleɪə(r)]
projetor (m)	video projector	['vɪdɪəʊ prə'dʒektə(r)]
cinema (m) em casa	home movie theater	[həʊm 'mu:vɪ 'θɪətə(r)]
leitor (m) de DVD	DVD player	[ˌdi:vi:'di: 'pleɪə(r)]
amplificador (m)	amplifier	['æmplɪfaɪə]
console (f) de jogos	video game console	['vɪdɪəʊ geɪm 'kɒnsəʊl]
câmara (f) de vídeo	video camera	['vɪdɪəʊ 'kæmərə]
máquina (f) fotográfica	camera	['kæmərə]
câmara (f) digital	digital camera	['dɪdʒɪtəl 'kæmərə]
aspirador (m)	vacuum cleaner	['vækjʊəm 'kli:nə(r)]
ferro (m) de engomar	iron	['aɪrən]
tábua (f) de engomar	ironing board	['aɪrənɪŋ bɔ:d]
telefone (m)	telephone	['telɪfəʊn]
telemóvel (m)	mobile phone	['məʊbaɪl fəʊn]
máquina (f) de escrever	typewriter	['taɪpˌraɪtə(r)]
máquina (f) de costura	sewing machine	['səʊɪŋ mə'ʃi:n]
microfone (m)	microphone	['maɪkrəfəʊn]

auscultadores (m pl)	**headphones**	['hedfəʊnz]
controlo remoto (m)	**remote control**	[rɪ'məʊt kən'trəʊl]
CD (m)	**CD, compact disc**	[ˌsiː'diː], [kəm'pækt dɪsk]
cassete (f)	**cassette**	[kæ'set]
disco (m) de vinil	**vinyl record**	['vaɪnɪl 'rekɔːd]

A TERRA. TEMPO

T&P Books Publishing

cosmos (m)	space	[speɪs]
cósmico	space	[speɪs]
espaço (m) cósmico	outer space	['aʊtə speɪs]
mundo (m)	world	[wɜ:ld]
universo (m)	universe	['ju:nɪvɜ:s]
galáxia (f)	galaxy	['gæləksɪ]
estrela (f)	star	[stɑ:(r)]
constelação (f)	constellation	[ˌkɒnstə'leɪʃən]
planeta (m)	planet	['plænɪt]
satélite (m)	satellite	['sætəlaɪt]
meteorito (m)	meteorite	['mi:tjəraɪt]
cometa (m)	comet	['kɒmɪt]
asteroide (m)	asteroid	['æstərɔɪd]
órbita (f)	orbit	['ɔ:bɪt]
girar (vi)	to rotate (vi)	[tə rəʊ'teɪt]
atmosfera (f)	atmosphere	['ætməˌsfɪə(r)]
Sol (m)	the Sun	[ðə sʌn]
Sistema (m) Solar	solar system	['səʊlə 'sɪstəm]
eclipse (m) solar	solar eclipse	['səʊlə ɪ'klɪps]
Terra (f)	the Earth	[ðɪ ɜ:θ]
Lua (f)	the Moon	[ðə mu:n]
Marte (m)	Mars	[mɑ:z]
Vénus (m)	Venus	['vi:nəs]
Júpiter (m)	Jupiter	['dʒu:pɪtə(r)]
Saturno (m)	Saturn	['sætən]
Mercúrio (m)	Mercury	['mɜ:kjʊrɪ]
Urano (m)	Uranus	['jʊərənəs]
Neptuno (m)	Neptune	['neptju:n]
Plutão (m)	Pluto	['plu:təʊ]
Via Láctea (f)	Milky Way	['mɪlkɪ weɪ]
Ursa Maior (f)	Great Bear	[greɪt beə(r)]
Estrela Polar (f)	North Star	[nɔ:θ stɑ:(r)]
marciano (m)	Martian	['mɑ:ʃən]
extraterrestre (m)	extraterrestrial	[ˌekstrətə'restrɪəl]
alienígena (m)	alien	['eɪljən]

disco (m) voador	**flying saucer**	['flaɪɪŋ 'sɔːsə(r)]
nave (f) espacial	**spaceship**	['speɪsʃɪp]
estação (f) orbital	**space station**	[speɪs 'steɪʃən]
lançamento (m)	**blast-off**	[blɑːst ɒf]
motor (m)	**engine**	['endʒɪn]
bocal (m)	**nozzle**	['nɒzəl]
combustível (m)	**fuel**	[fjʊəl]
cabine (f)	**cockpit**	['kɒkpɪt]
antena (f)	**antenna**	[æn'tenə]
vigia (f)	**porthole**	['pɔːthəʊl]
bateria (f) solar	**solar panel**	['səʊlə 'pænəl]
traje (m) espacial	**spacesuit**	['speɪssuːt]
imponderabilidade (f)	**weightlessness**	['weɪtlɪsnɪs]
oxigénio (m)	**oxygen**	['ɒksɪdʒən]
acoplagem (f)	**docking**	['dɒkɪŋ]
fazer uma acoplagem	**to dock** (vi, vt)	[tə dɒk]
observatório (m)	**observatory**	[əb'zɜːvətrɪ]
telescópio (m)	**telescope**	['telɪskəʊp]
observar (vt)	**to observe** (vt)	[tə əb'zɜːv]
explorar (vt)	**to explore** (vt)	[tə ɪk'splɔː(r)]

75. A Terra

Terra (f)	**the Earth**	[ðɪ ɜːθ]
globo terrestre (Terra)	**the globe**	[ðɪ gləʊb]
planeta (m)	**planet**	['plænɪt]
atmosfera (f)	**atmosphere**	['ætmə͵sfɪə(r)]
geografia (f)	**geography**	[dʒɪ'ɒgrəfɪ]
natureza (f)	**nature**	['neɪtʃə(r)]
globo (mapa esférico)	**globe**	[gləʊb]
mapa (m)	**map**	[mæp]
atlas (m)	**atlas**	['ætləs]
Europa (f)	**Europe**	['jʊərəp]
Ásia (f)	**Asia**	['eɪʒə]
África (f)	**Africa**	['æfrɪkə]
Austrália (f)	**Australia**	[ɒ'streɪljə]
América (f)	**America**	[ə'merɪkə]
América (f) do Norte	**North America**	[nɔːθ ə'merɪkə]
América (f) do Sul	**South America**	[saʊθ ə'merɪkə]
Antártida (f)	**Antarctica**	[ænt'ɑːktɪkə]
Ártico (m)	**the Arctic**	[ðə 'ɑːktɪk]

76. Pontos cardeais

norte (m)	north	[nɔːθ]
para norte	to the north	[tə ðə nɔːθ]
no norte	in the north	[ɪn ðə nɔːθ]
do norte	northern	['nɔːðən]
sul (m)	south	[saʊθ]
para sul	to the south	[tə ðə saʊθ]
no sul	in the south	[ɪn ðə saʊθ]
do sul	southern	['sʌðən]
oeste, ocidente (m)	west	[west]
para oeste	to the west	[tə ðə west]
no oeste	in the west	[ɪn ðə west]
ocidental	western	['westən]
leste, oriente (m)	east	[iːst]
para leste	to the east	[tə ðɪ iːst]
no leste	in the east	[ɪn ðɪ iːst]
oriental	eastern	['iːstən]

77. Mar. Oceano

mar (m)	sea	[siː]
oceano (m)	ocean	['əʊʃən]
golfo (m)	gulf	[gʌlf]
estreito (m)	straits	[streɪts]
terra (f) firme	land	[lænd]
continente (m)	continent	['kɒntɪnənt]
ilha (f)	island	['aɪlənd]
península (f)	peninsula	[pə'nɪnsjʊlə]
arquipélago (m)	archipelago	[ˌɑːkɪ'pelɪgəʊ]
baía (f)	bay	[beɪ]
porto (m)	harbor	['hɑːbə(r)]
lagoa (f)	lagoon	[lə'guːn]
cabo (m)	cape	[keɪp]
atol (m)	atoll	['ætɒl]
recife (m)	reef	[riːf]
coral (m)	coral	['kɒrəl]
recife (m) de coral	coral reef	['kɒrəl riːf]
profundo	deep	[diːp]
profundidade (f)	depth	[depθ]
abismo (m)	abyss	[ə'bɪs]
fossa (f) oceânica	trench	[trentʃ]

| corrente (f) | current | ['kʌrənt] |
| banhar (vt) | to surround (vt) | [tə se'raʊnd] |

| litoral (m) | shore | [ʃɔː(r)] |
| costa (f) | coast | [kəʊst] |

maré (f) alta	flow	[fləʊ]
maré (f) baixa	ebb	[eb]
restinga (f)	shoal	[ʃəʊl]
fundo (m)	bottom	['bɒtəm]

onda (f)	wave	[weɪv]
crista (f) da onda	crest	[krest]
espuma (f)	foam, spume	[fəʊm], [spjuːm]

tempestade (f)	storm	[stɔːm]
furacão (m)	hurricane	['hʌrɪkən]
tsunami (m)	tsunami	[tsuːˈnɑːmɪ]
calmaria (f)	calm	[kɑːm]
calmo	quiet, calm	['kwaɪət], [kɑːm]

| polo (m) | pole | [pəʊl] |
| polar | polar | ['pəʊlə(r)] |

latitude (f)	latitude	['lætɪtjuːd]
longitude (f)	longitude	['lɒndʒɪtjuːd]
paralela (f)	parallel	['pærəlel]
equador (m)	equator	[ɪ'kweɪtə(r)]

céu (m)	sky	[skaɪ]
horizonte (m)	horizon	[hə'raɪzən]
ar (m)	air	[eə]

farol (m)	lighthouse	['laɪthaʊs]
mergulhar (vi)	to dive (vi)	[tə daɪv]
afundar-se (vp)	to sink (vi)	[tə sɪŋk]
tesouros (m pl)	treasures	['treʒəz]

78. Nomes de Mares e Oceanos

Oceano (m) Atlântico	Atlantic Ocean	[ət'læntɪk 'əʊʃən]
Oceano (m) Índico	Indian Ocean	['ɪndɪən 'əʊʃən]
Oceano (m) Pacífico	Pacific Ocean	[pə'sɪfɪk 'əʊʃən]
Oceano (m) Ártico	Arctic Ocean	['ɑrktɪk 'əʊʃən]

Mar (m) Negro	Black Sea	[blæk siː]
Mar (m) Vermelho	Red Sea	[red siː]
Mar (m) Amarelo	Yellow Sea	[jeləʊ 'siː]
Mar (m) Branco	White Sea	[waɪt siː]
Mar (m) Cáspio	Caspian Sea	['kæspɪən siː]

| Mar (m) Morto | Dead Sea | [ˌded 'si:] |
| Mar (m) Mediterrâneo | Mediterranean Sea | [ˌmedɪtəˈreɪnɪən si:] |

| Mar (m) Egeu | Aegean Sea | [iːˈdʒiːən si:] |
| Mar (m) Adriático | Adriatic Sea | [ˌeɪdrɪˈætɪk si:] |

Mar (m) Arábico	Arabian Sea	[əˈreɪbɪən si:]
Mar (m) do Japão	Sea of Japan	['si: əv dʒəˈpæn]
Mar (m) de Bering	Bering Sea	[ˈberɪŋ si:]
Mar (m) da China Meridional	South China Sea	[saʊθ ˈtʃaɪnə si:]

Mar (m) de Coral	Coral Sea	[ˈkɒrəl si:]
Mar (m) de Tasman	Tasman Sea	[ˈtæzmən si:]
Mar (m) do Caribe	Caribbean Sea	[ˈkæˈrɪbɪən si:]

| Mar (m) de Barents | Barents Sea | [ˈbærənts si:] |
| Mar (m) de Kara | Kara Sea | [ˈkɑːrə si:] |

Mar (m) do Norte	North Sea	[nɔːθ si:]
Mar (m) Báltico	Baltic Sea	[ˈbɔːltɪk si:]
Mar (m) da Noruega	Norwegian Sea	[nɔːˈwiːdʒən si:]

79. Montanhas

montanha (f)	mountain	[ˈmaʊntɪn]
cordilheira (f)	mountain range	[ˈmaʊntɪn reɪndʒ]
serra (f)	mountain ridge	[ˈmaʊntɪn rɪdʒ]

cume (m)	summit, top	[ˈsʌmɪt], [tɒp]
pico (m)	peak	[piːk]
sopé (m)	foot	[fʊt]
declive (m)	slope	[sləʊp]

vulcão (m)	volcano	[vɒlˈkenəʊ]
vulcão (m) ativo	active volcano	[ˈæktɪv vɒlˈkenəʊ]
vulcão (m) extinto	dormant volcano	[ˈdɔːmənt vɒlˈkenəʊ]

erupção (f)	eruption	[ɪˈrʌpʃən]
cratera (f)	crater	[ˈkreɪtə(r)]
magma (m)	magma	[ˈmægmə]
lava (f)	lava	[ˈlɑːvə]
fundido (lava ~a)	molten	[ˈməʊltən]

desfiladeiro (m)	canyon	[ˈkænjən]
garganta (f)	gorge	[gɔːdʒ]
fenda (f)	crevice	[ˈkrevɪs]
precipício (m)	abyss	[əˈbɪs]
passo, colo (m)	pass, col	[pɑːs], [kɒl]
planalto (m)	plateau	[ˈplætəʊ]

| falésia (f) | cliff | [klɪf] |
| colina (f) | hill | [hɪl] |

glaciar (m)	glacier	['gleɪʃə(r)]
queda (f) d'água	waterfall	['wɔːtəfɔːl]
géiser (m)	geyser	['gaɪzə(r)]
lago (m)	lake	[leɪk]

planície (f)	plain	[pleɪn]
paisagem (f)	landscape	['lændskeɪp]
eco (m)	echo	['ekəʊ]

alpinista (m)	alpinist	['ælpɪnɪst]
escalador (m)	rock climber	[rok 'klaɪmə(r)]
conquistar (vt)	conquer (vt)	['koŋkə(r)]
subida, escalada (f)	climb	[klaɪm]

80. Nomes de montanhas

Alpes (m pl)	The Alps	[ðɪ ælps]
monte Branco (m)	Mont Blanc	[ˌmɔ̃'blɑ̃]
Pirineus (m pl)	The Pyrenees	[ðɪ ˌpɪrə'niːz]

Cárpatos (m pl)	The Carpathians	[ðɪ kɑː'peɪθɪənz]
montes (m pl) Urais	The Ural Mountains	[ðɪ 'jʊərəl 'maʊntɪnz]
Cáucaso (m)	The Caucasus Mountains	[ðɪ 'kɔːkəsəs 'maʊntɪnz]
Elbrus (m)	Mount Elbrus	['maʊnt ˌelbə'ruːs]

Altai (m)	The Altai Mountains	[ðɪ ˌɑːl'taɪ 'maʊntɪnz]
Tian Shan (m)	The Tian Shan	[ðɪ tjɛn'ʃaːn]
Pamir (m)	The Pamir Mountains	[ðɪ pə'mɪə 'maʊntɪnz]
Himalaias (m pl)	The Himalayas	[ðɪ ˌhɪmə'leɪəz]
monte (m) Everest	Mount Everest	['maʊnt 'evərɪst]

| Cordilheira (f) dos Andes | The Andes | [ðɪ 'ændiːz] |
| Kilimanjaro (m) | Mount Kilimanjaro | ['maʊnt ˌkɪlɪmən'dʒɑːrəʊ] |

81. Rios

rio (m)	river	['rɪvə(r)]
fonte, nascente (f)	spring	[sprɪŋ]
leito (m) do rio	riverbed	['rɪvəbed]
bacia (f)	basin	['beɪsən]
desaguar no ...	to flow into ...	[tə fləʊ 'ɪntʊ]

| afluente (m) | tributary | ['trɪbjʊtrɪ] |
| margem (do rio) | bank | [bæŋk] |

corrente (f)	current, stream	['kʌrənt], [striːm]
rio abaixo	downstream	['daʊnˌstriːm]
rio acima	upstream	[ʌp'striːm]

inundação (f)	inundation	[ˌɪnʌn'deɪʃən]
cheia (f)	flooding	['flʌdɪŋ]
transbordar (vi)	to overflow (vi)	[tə ˌəʊvə'fləʊ]
inundar (vt)	to flood (vt)	[tə flʌd]

| baixio (m) | shallow | ['ʃæləʊ] |
| rápidos (m pl) | rapids | ['ræpɪdz] |

barragem (f)	dam	[dæm]
canal (m)	canal	[kə'næl]
reservatório (m) de água	reservoir	['rezəvwɑː(r)]
esclusa (f)	sluice, lock	[sluːs], [lɒk]

corpo (m) de água	water body	['wɔːtə 'bɒdɪ]
pântano (m)	swamp	[swɒmp]
tremedal (m)	bog, marsh	[bɒg], [mɑːʃ]
remoinho (m)	whirlpool	['wɜːlpuːl]

arroio, regato (m)	stream	[striːm]
potável	drinking	['drɪŋkɪŋ]
doce (água)	fresh	[freʃ]

| gelo (m) | ice | [aɪs] |
| congelar-se (vp) | to freeze over | [tə friːz 'əʊvə(r)] |

82. Nomes de rios

| rio Sena (m) | Seine | [seɪn] |
| rio Loire (m) | Loire | [lwɑːr] |

rio Tamisa (m)	Thames	[temz]
rio Reno (m)	Rhine	[raɪn]
rio Danúbio (m)	Danube	['dænjuːb]

rio Volga (m)	Volga	['vɒlgə]
rio Don (m)	Don	[dɒn]
rio Lena (m)	Lena	['leɪnə]

rio Amarelo (m)	Yellow River	[jeləʊ 'rɪvə(r)]
rio Yangtzé (m)	Yangtze	['jæŋtsɪ]
rio Mekong (m)	Mekong	['miːkɒŋ]
rio Ganges (m)	Ganges	['gændʒiːz]

rio Nilo (m)	Nile River	[naɪl 'rɪvə(r)]
rio Congo (m)	Congo	['kɒŋgəʊ]
rio Cubango (m)	Okavango	[ˌɒkə'væŋgəʊ]

rio Zambeze (m)	**Zambezi**	[zæm'bi:zı]
rio Limpopo (m)	**Limpopo**	[lım'pəupəu]

83. Floresta

floresta (f), bosque (m)	**forest, wood**	['fɒrɪst], [wʊd]
florestal	**forest**	['fɒrɪst]
mata (f) cerrada	**thick forest**	[θık 'fɒrɪst]
arvoredo (m)	**grove**	[grəʊv]
clareira (f)	**clearing**	['klıərıŋ]
matagal (f)	**thicket**	['θıkıt]
mato (m)	**scrubland**	['skrʌblænd]
vereda (f)	**footpath**	['fʊtpɑ:θ]
ravina (f)	**gully**	['gʌlı]
árvore (f)	**tree**	[tri:]
folha (f)	**leaf**	[li:f]
folhagem (f)	**leaves**	[li:vz]
queda (f) das folha	**fall of leaves**	[fɔ:l əv li:vz]
cair (vi)	**to fall** (vi)	[tə fɔ:l]
topo (m)	**top**	[tɒp]
ramo (m)	**branch**	[brɑ:ntʃ]
galho (m)	**bough**	[baʊ]
botão, rebento (m)	**bud**	[bʌd]
agulha (f)	**needle**	['ni:dəl]
pinha (f)	**pine cone**	[paın kəʊn]
buraco (m) de árvore	**hollow**	['hɒləʊ]
ninho (m)	**nest**	[nest]
toca (f)	**burrow, animal hole**	['bʌrəʊ], ['ænıməl həʊl]
tronco (m)	**trunk**	[trʌŋk]
raiz (f)	**root**	[ru:t]
casca (f) de árvore	**bark**	[bɑ:k]
musgo (m)	**moss**	[mɒs]
arrancar pela raiz	**to uproot** (vt)	[tə ʌp'ru:t]
cortar (vt)	**to chop down**	[tə tʃɒp daʊn]
desflorestar (vt)	**to deforest** (vt)	[tə di:'fɒrɪst]
toco, cepo (m)	**tree stump**	[tri: stʌmp]
fogueira (f)	**campfire**	['kæmp͵faıə(r)]
incêndio (m) florestal	**forest fire**	['fɒrɪst 'faıə(r)]
apagar (vt)	**to extinguish** (vt)	[tə ık'stıŋgwıʃ]
guarda-florestal (m)	**forest ranger**	['fɒrɪst 'reındʒə]

proteção (f)	**protection**	[prə'tekʃən]
proteger (a natureza)	**to protect** (vt)	[tə prə'tekt]
caçador (m) furtivo	**poacher**	['pəʊtʃə(r)]
armadilha (f)	**steel trap**	[sti:l træp]

colher (cogumelos, bagas)	**to gather, to pick** (vt)	[tə 'gæðə(r)], [tə pɪk]
perder-se (vp)	**to lose one's way**	[tə lu:z wʌnz weɪ]

84. Recursos naturais

recursos (m pl) naturais	**natural resources**	['nætʃərəl rɪ'sɔ:sɪz]
minerais (m pl)	**minerals**	['mɪnərəlz]
depósitos (m pl)	**deposits**	[dɪ'pɒzɪts]
jazida (f)	**field**	[fi:ld]

extrair (vt)	**to mine** (vt)	[tə maɪn]
extração (f)	**mining**	['maɪnɪŋ]
minério (m)	**ore**	[ɔ:(r)]
mina (f)	**mine**	[maɪn]
poço (m) de mina	**shaft**	[ʃɑ:ft]
mineiro (m)	**miner**	['maɪnə(r)]

gás (m)	**gas**	[gæs]
gasoduto (m)	**gas pipeline**	[gæs 'paɪplaɪn]

petróleo (m)	**oil, petroleum**	[ɔɪl], [pɪ'trəʊlɪəm]
oleoduto (m)	**oil pipeline**	[ɔɪl 'paɪplaɪn]
poço (m) de petróleo	**oil well**	[ɔɪl wel]
torre (f) petrolífera	**derrick**	['derɪk]
petroleiro (m)	**tanker**	['tæŋkə(r)]

areia (f)	**sand**	[sænd]
calcário (m)	**limestone**	['laɪmstəʊn]
cascalho (m)	**gravel**	['grævəl]
turfa (f)	**peat**	[pi:t]
argila (f)	**clay**	[kleɪ]
carvão (m)	**coal**	[kəʊl]

ferro (m)	**iron**	['aɪrən]
ouro (m)	**gold**	[gəʊld]
prata (f)	**silver**	['sɪlvə(r)]
níquel (m)	**nickel**	['nɪkəl]
cobre (m)	**copper**	['kɒpə(r)]

zinco (m)	**zinc**	[zɪŋk]
manganês (m)	**manganese**	['mæŋgəni:z]
mercúrio (m)	**mercury**	['mɜ:kjʊrɪ]
chumbo (m)	**lead**	[led]
mineral (m)	**mineral**	['mɪnərəl]
cristal (m)	**crystal**	['krɪstəl]

| mármore (m) | marble | ['mɑ:bəl] |
| urânio (m) | uranium | [jʊ'reɪnjəm] |

85. Tempo

tempo (m)	weather	['weðə(r)]
previsão (f) do tempo	weather forecast	['weðə 'fɔ:kɑ:st]
temperatura (f)	temperature	['temprətʃə(r)]
termómetro (m)	thermometer	[θə'mɒmɪtə(r)]
barómetro (m)	barometer	[bə'rɒmɪtə(r)]

húmido	humid	['hju:mɪd]
humidade (f)	humidity	[hju:'mɪdəti]
calor (m)	heat	[hi:t]
cálido	hot, torrid	[hɒt], ['tɒrɪd]
está muito calor	it's hot	[ɪts hɒt]

| está calor | it's warm | [ɪts wɔ:m] |
| quente | warm | [wɔ:m] |

| está frio | it's cold | [ɪts kəʊld] |
| frio | cold | [kəʊld] |

sol (m)	sun	[sʌn]
brilhar (vi)	to shine (vi)	[tə ʃaɪn]
de sol, ensolarado	sunny	['sʌni]
nascer (vi)	to come up (vi)	[tə kʌm ʌp]
pôr-se (vp)	to set (vi)	[tə set]

nuvem (f)	cloud	[klaʊd]
nublado	cloudy	['klaʊdi]
nuvem (f) negra	rain cloud	[reɪn klaʊd]
escuro, cinzento	somber	['sɒmbə(r)]

chuva (f)	rain	[reɪn]
está a chover	it's raining	[ɪts 'reɪnɪŋ]
chuvoso	rainy	['reɪni]
chuviscar (vi)	to drizzle (vi)	[tə 'drɪzəl]

chuva (f) torrencial	pouring rain	['pɔ:rɪŋ reɪn]
chuvada (f)	downpour	['daʊnpɔ:(r)]
forte (chuva)	heavy	['hevi]

| poça (f) | puddle | ['pʌdəl] |
| molhar-se (vp) | to get wet | [tə get wet] |

nevoeiro (m)	fog, mist	[fɒg], [mɪst]
de nevoeiro	foggy	['fɒgi]
neve (f)	snow	[snəʊ]
está a nevar	it's snowing	[ɪts snəʊɪŋ]

86. Tempo extremo. Catástrofes naturais

trovoada (f)	**thunderstorm**	['θʌndəstɔ:m]
relâmpago (m)	**lightning**	['laɪtnɪŋ]
relampejar (vi)	**to flash** (vi)	[tə flæʃ]
trovão (m)	**thunder**	['θʌndə(r)]
trovejar (vi)	**to thunder** (vi)	[tə 'θʌndə(r)]
está a trovejar	**it's thundering**	[ɪts 'θʌndərɪŋ]
granizo (m)	**hail**	[heɪl]
está a cair granizo	**it's hailing**	[ɪts heɪlɪŋ]
inundar (vt)	**to flood** (vt)	[tə flʌd]
inundação (f)	**flood**	[flʌd]
terremoto (m)	**earthquake**	['ɜ:θkweɪk]
abalo, tremor (m)	**tremor, quake**	['tremə(r)], [kweɪk]
epicentro (m)	**epicenter**	['epɪsentə(r)]
erupção (f)	**eruption**	[ɪ'rʌpʃən]
lava (f)	**lava**	['lɑ:və]
turbilhão (m)	**twister**	['twɪstə(r)]
tornado (m)	**tornado**	[tɔ:'neɪdəʊ]
tufão (m)	**typhoon**	[taɪ'fu:n]
furacão (m)	**hurricane**	['hʌrɪkən]
tempestade (f)	**storm**	[stɔ:m]
tsunami (m)	**tsunami**	[tsu:'nɑ:mɪ]
ciclone (m)	**cyclone**	['saɪkləʊn]
mau tempo (m)	**bad weather**	[bæd 'weðə(r)]
incêndio (m)	**fire**	['faɪə(r)]
catástrofe (f)	**disaster**	[dɪ'zɑ:stə(r)]
meteorito (m)	**meteorite**	['mi:tjəraɪt]
avalanche (f)	**avalanche**	['ævəlɑ:nʃ]
deslizamento (f) de neve	**snowslide**	['snəʊslaɪd]
nevasca (f)	**blizzard**	['blɪzəd]
tempestade (f) de neve	**snowstorm**	['snəʊstɔ:m]

FAUNA

T&P Books Publishing

87. Mamíferos. Predadores

predador (m)	**predator**	['predətə(r)]
tigre (m)	**tiger**	['taɪɡə(r)]
leão (m)	**lion**	['laɪən]
lobo (m)	**wolf**	[wʊlf]
raposa (f)	**fox**	[fɒks]
jaguar (m)	**jaguar**	['dʒæɡjʊə(r)]
leopardo (m)	**leopard**	['lepəd]
chita (f)	**cheetah**	['tʃiːtə]
pantera (f)	**black panther**	[blæk 'pænθə(r)]
puma (m)	**puma**	['pjuːmə]
leopardo-das-neves (m)	**snow leopard**	[snəʊ 'lepəd]
lince (m)	**lynx**	[lɪnks]
coiote (m)	**coyote**	[kɔɪ'əʊtɪ]
chacal (m)	**jackal**	['dʒækəl]
hiena (f)	**hyena**	[haɪ'iːnə]

88. Animais selvagens

animal (m)	**animal**	['ænɪməl]
besta (f)	**beast**	[biːst]
esquilo (m)	**squirrel**	['skwɜːrəl]
ouriço (m)	**hedgehog**	['hedʒhɒg]
lebre (f)	**hare**	[heə(r)]
coelho (m)	**rabbit**	['ræbɪt]
texugo (m)	**badger**	['bædʒə(r)]
guaxinim (m)	**raccoon**	[rə'kuːn]
hamster (m)	**hamster**	['hæmstə(r)]
marmota (f)	**marmot**	['mɑːmət]
toupeira (f)	**mole**	[məʊl]
rato (m)	**mouse**	[maʊs]
ratazana (f)	**rat**	[ræt]
morcego (m)	**bat**	[bæt]
arminho (m)	**ermine**	['ɜːmɪn]
zibelina (f)	**sable**	['seɪbəl]
marta (f)	**marten**	['mɑːtɪn]

| doninha (f) | weasel | ['wɪːzəl] |
| vison (m) | mink | [mɪŋk] |

| castor (m) | beaver | ['biːvə(r)] |
| lontra (f) | otter | ['ɒtə(r)] |

cavalo (m)	horse	[hɔːs]
alce (m) americano	moose	[muːs]
veado (m)	deer	[dɪə(r)]
camelo (m)	camel	['kæməl]

bisão (m)	bison	['baɪsən]
auroque (m)	aurochs	['ɔːrɒks]
búfalo (m)	buffalo	['bʌfələʊ]

zebra (f)	zebra	['ziːbrə]
antílope (m)	antelope	['æntɪləʊp]
corça (f)	roe deer	[rəʊ dɪə(r)]
gamo (m)	fallow deer	['fæləʊ dɪə(r)]
camurça (f)	chamois	['ʃæmwɑː]
javali (m)	wild boar	[ˌwaɪld 'bɔː(r)]

baleia (f)	whale	[weɪl]
foca (f)	seal	[siːl]
morsa (f)	walrus	['wɔːlrəs]
urso-marinho (m)	fur seal	['fɜːˌsiːl]
golfinho (m)	dolphin	['dɒlfɪn]

urso (m)	bear	[beə]
urso (m) branco	polar bear	['pəʊlə ˌbeə(r)]
panda (m)	panda	['pændə]

macaco (em geral)	monkey	['mʌŋkɪ]
chimpanzé (m)	chimpanzee	[ˌtʃɪmpæn'ziː]
orangotango (m)	orangutan	[ɔˌræŋuː'tæn]
gorila (m)	gorilla	[gə'rɪlə]
macaco (m)	macaque	[mə'kɑːk]
gibão (m)	gibbon	['gɪbən]

| elefante (m) | elephant | ['elɪfənt] |
| rinoceronte (m) | rhinoceros | [raɪ'nɒsərəs] |

| girafa (f) | giraffe | [dʒɪ'rɑːf] |
| hipopótamo (m) | hippopotamus | [ˌhɪpə'pɒtəməs] |

| canguru (m) | kangaroo | [ˌkæŋgə'ruː] |
| coala (m) | koala | [kəʊ'ɑːlə] |

mangusto (m)	mongoose	['mɒŋguːs]
chinchila (f)	chinchilla	[ˌtʃɪn'tʃɪlə]
doninha-fedorenta (f)	skunk	[skʌŋk]
porco-espinho (m)	porcupine	['pɔːkjʊpaɪn]

89. Animais domésticos

gata (f)	cat	[kæt]
gato (m) macho	tomcat	['tɒmkæt]
cão (m)	dog	[dɒg]
cavalo (m)	horse	[hɔːs]
garanhão (m)	stallion	['stæliən]
égua (f)	mare	[meə(r)]
vaca (f)	cow	[kaʊ]
touro (m)	bull	[bʊl]
boi (m)	ox	[ɒks]
ovelha (f)	sheep	[ʃiːp]
carneiro (m)	ram	[ræm]
cabra (f)	goat	[gəʊt]
bode (m)	he-goat	['hiː gəʊt]
burro (m)	donkey	['dɒŋkɪ]
mula (f)	mule	[mjuːl]
porco (m)	pig, hog	[pɪg], [hɒg]
porquinho (m)	piglet	['pɪglɪt]
coelho (m)	rabbit	['ræbɪt]
galinha (f)	hen	[hen]
galo (m)	rooster	['ruːstə(r)]
pato (m), pata (f)	duck	[dʌk]
pato (macho)	drake	[dreɪk]
ganso (m)	goose	[guːs]
peru (m)	tom turkey, gobbler	[tɒm 'tɜːkɪ], ['gɒblə(r)]
perua (f)	turkey	['tɜːkɪ]
animais (m pl) domésticos	domestic animals	[də'mestɪk 'ænɪməlz]
domesticado	tame	[teɪm]
domesticar (vt)	to tame (vt)	[tə teɪm]
criar (vt)	to breed (vt)	[tə briːd]
quinta (f)	farm	[fɑːm]
aves (f pl) domésticas	poultry	['pəʊltrɪ]
gado (m)	cattle	['kætəl]
rebanho (m), manada (f)	herd	[hɜːd]
estábulo (m)	stable	['steɪbəl]
pocilga (f)	pigsty	['pɪgstaɪ]
vacaria (m)	cowshed	['kaʊʃed]
coelheira (f)	rabbit hutch	['ræbɪt ˌhʌtʃ]
galinheiro (m)	hen house	['hen ˌhaʊs]

90. Pássaros

pássaro, ave (m)	**bird**	[bɜːd]
pombo (m)	**pigeon**	[ˈpɪdʒɪn]
pardal (m)	**sparrow**	[ˈspærəʊ]
chapim-real (m)	**tit**	[tɪt]
pega-rabuda (f)	**magpie**	[ˈmægpaɪ]
corvo (m)	**raven**	[ˈreɪvən]
gralha (f) cinzenta	**crow**	[krəʊ]
gralha-de-nuca-cinzenta (f)	**jackdaw**	[ˈdʒækdɔː]
gralha-calva (f)	**rook**	[rʊk]
pato (m)	**duck**	[dʌk]
ganso (m)	**goose**	[guːs]
faisão (m)	**pheasant**	[ˈfezənt]
águia (f)	**eagle**	[ˈiːgəl]
açor (m)	**hawk**	[hɔːk]
falcão (m)	**falcon**	[ˈfɔːlkən]
abutre (m)	**vulture**	[ˈvʌltʃə]
condor (m)	**condor**	[ˈkɒndɔː(r)]
cisne (m)	**swan**	[swɒn]
grou (m)	**crane**	[kreɪn]
cegonha (f)	**stork**	[stɔːk]
papagaio (m)	**parrot**	[ˈpærət]
beija-flor (m)	**hummingbird**	[ˈhʌmɪŋˌbɜːd]
pavão (m)	**peacock**	[ˈpiːkɒk]
avestruz (f)	**ostrich**	[ˈɒstrɪtʃ]
garça (f)	**heron**	[ˈherən]
flamingo (m)	**flamingo**	[fləˈmɪŋgəʊ]
pelicano (m)	**pelican**	[ˈpelɪkən]
rouxinol (m)	**nightingale**	[ˈnaɪtɪŋgeɪl]
andorinha (f)	**swallow**	[ˈswɒləʊ]
tordo-zornal (m)	**thrush**	[θrʌʃ]
tordo-músico (m)	**song thrush**	[sɒŋ θrʌʃ]
melro-preto (m)	**blackbird**	[ˈblækˌbɜːd]
andorinhão (m)	**swift**	[swɪft]
cotovia (f)	**lark**	[lɑːk]
codorna (f)	**quail**	[kweɪl]
pica-pau (m)	**woodpecker**	[ˈwʊdˌpekə(r)]
cuco (m)	**cuckoo**	[ˈkʊkuː]
coruja (f)	**owl**	[aʊl]
corujão, bufo (m)	**eagle owl**	[ˈiːgəl aʊl]

tetraz-grande (m)	wood grouse	[wʊd graʊs]
tetraz-lira (m)	black grouse	[blæk graʊs]
perdiz-cinzenta (f)	partridge	['pɑːtrɪdʒ]

estorninho (m)	starling	['stɑːlɪŋ]
canário (m)	canary	[kə'neərɪ]
galinha-do-mato (f)	hazel grouse	['heɪzəl graʊs]
tentilhão (m)	chaffinch	['tʃæfɪntʃ]
dom-fafe (m)	bullfinch	['bʊlfɪntʃ]

gaivota (f)	seagull	['siːgʌl]
albatroz (m)	albatross	['ælbətrɒs]
pinguim (m)	penguin	['peŋgwɪn]

91. Peixes. Animais marinhos

brema (f)	bream	[briːm]
carpa (f)	carp	[kɑːp]
perca (f)	perch	[pɜːtʃ]
siluro (m)	catfish	['kætfɪʃ]
lúcio (m)	pike	[paɪk]

| salmão (m) | salmon | ['sæmən] |
| esturjão (m) | sturgeon | ['stɜːdʒən] |

arenque (m)	herring	['herɪŋ]
salmão (m)	Atlantic salmon	[ət'læntɪk 'sæmən]
cavala (m), sarda (f)	mackerel	['mækərəl]
solha (f)	flatfish	['flætfɪʃ]

zander (m)	pike perch	[paɪk pɜːtʃ]
bacalhau (m)	cod	[kɒd]
atum (m)	tuna	['tuːnə]
truta (f)	trout	[traʊt]

enguia (f)	eel	[iːl]
raia elétrica (f)	electric ray	[ɪ'lektrɪk reɪ]
moreia (f)	moray eel	['mɒreɪ iːl]
piranha (f)	piranha	[pɪ'rɑːnə]

tubarão (m)	shark	[ʃɑːk]
golfinho (m)	dolphin	['dɒlfɪn]
baleia (f)	whale	[weɪl]

caranguejo (m)	crab	[kræb]
medusa, alforreca (f)	jellyfish	['dʒelɪfɪʃ]
polvo (m)	octopus	['ɒktəpəs]

| estrela-do-mar (f) | starfish | ['stɑːfɪʃ] |
| ouriço-do-mar (m) | sea urchin | [siː 'ɜːtʃɪn] |

cavalo-marinho (m)	seahorse	['si:hɔ:s]
ostra (f)	oyster	['ɔɪstə(r)]
camarão (m)	shrimp	[ʃrɪmp]
lavagante (m)	lobster	['lɒbstə(r)]
lagosta (f)	spiny lobster	['spaɪnɪ 'lɒbstə(r)]

92. Amfíbios. Répteis

serpente, cobra (f)	snake	[sneɪk]
venenoso	venomous	['venəməs]
víbora (f)	viper	['vaɪpə(r)]
cobra-capelo, naja (f)	cobra	['kəʊbrə]
piton (m)	python	['paɪθən]
jiboia (f)	boa	['bəʊə]
cobra-de-água (f)	grass snake	['grɑ:s͵sneɪk]
cascavel (f)	rattle snake	['rætəl sneɪk]
anaconda (f)	anaconda	[ænə'kɒndə]
lagarto (m)	lizard	['lɪzəd]
iguana (f)	iguana	[ɪ'gwɑ:nə]
varano (m)	monitor lizard	['mɒnɪtə 'lɪzəd]
salamandra (f)	salamander	['sælə͵mændə(r)]
camaleão (m)	chameleon	[kə'mi:lɪən]
escorpião (m)	scorpion	['skɔ:pɪən]
tartaruga (f)	turtle	['tɜ:təl]
rã (f)	frog	[frɒg]
sapo (m)	toad	[təʊd]
crocodilo (m)	crocodile	['krɒkədaɪl]

93. Insetos

inseto (m)	insect, bug	['ɪnsekt], [bʌg]
borboleta (f)	butterfly	['bʌtəflaɪ]
formiga (f)	ant	[ænt]
mosca (f)	fly	[flaɪ]
mosquito (m)	mosquito	[mə'ski:təʊ]
escaravelho (m)	beetle	['bi:təl]
vespa (f)	wasp	[wɒsp]
abelha (f)	bee	[bi:]
zangão (m)	bumblebee	['bʌmbəlbi:]
moscardo (m)	gadfly	['gædflaɪ]
aranha (f)	spider	['spaɪdə(r)]
teia (f) de aranha	spider's web	['spaɪdəz web]

libélula (f)	**dragonfly**	['drægənflaɪ]
gafanhoto-do-campo (m)	**grasshopper**	['grɑːsˌhɒpə(r)]
traça (f)	**moth**	[mɒθ]
barata (f)	**cockroach**	['kɒkrəʊtʃ]
carraça (f)	**tick**	[tɪk]
pulga (f)	**flea**	[fliː]
borrachudo (m)	**midge**	[mɪdʒ]
gafanhoto (m)	**locust**	['ləʊkəst]
caracol (m)	**snail**	[sneɪl]
grilo (m)	**cricket**	['krɪkɪt]
pirilampo (m)	**lightning bug**	['laɪtnɪŋ bʌg]
joaninha (f)	**ladybug**	['leɪdɪbʌg]
besouro (m)	**cockchafer**	['kɒkˌtʃeɪfə(r)]
sanguessuga (f)	**leech**	[liːtʃ]
lagarta (f)	**caterpillar**	['kætəpɪlə(r)]
minhoca (f)	**earthworm**	['ɜːθwɜːm]
larva (f)	**larva**	['lɑːvə]

FLORA

T&P Books Publishing

árvore (f)	**tree**	[tri:]
decídua	**deciduous**	[dɪˈsɪdjʊəs]
conífera	**coniferous**	[kəˈnɪfərəs]
perene	**evergreen**	[ˈevəgri:n]
macieira (f)	**apple tree**	[ˈæpəl ˌtri:]
pereira (f)	**pear tree**	[ˈpeə ˌtri:]
cerejeira (f)	**sweet cherry tree**	[swi:t ˈtʃerɪ tri:]
ginjeira (f)	**sour cherry tree**	[ˈsaʊə ˈtʃerɪ tri:]
ameixeira (f)	**plum tree**	[ˈplʌm tri:]
bétula (f)	**birch**	[bɜ:tʃ]
carvalho (m)	**oak**	[əʊk]
tília (f)	**linden tree**	[ˈlɪndən tri:]
choupo-tremedor (m)	**aspen**	[ˈæspən]
bordo (m)	**maple**	[ˈmeɪpəl]
espruce-europeu (m)	**spruce**	[spru:s]
pinheiro (m)	**pine**	[paɪn]
alerce, lariço (m)	**larch**	[lɑ:tʃ]
abeto (m)	**fir**	[fɜ:(r)]
cedro (m)	**cedar**	[ˈsi:də(r)]
choupo, álamo (m)	**poplar**	[ˈpɒplə(r)]
tramazeira (f)	**rowan**	[ˈrəʊən]
salgueiro (m)	**willow**	[ˈwɪləʊ]
amieiro (m)	**alder**	[ˈɔ:ldə(r)]
faia (f)	**beech**	[bi:tʃ]
ulmeiro (m)	**elm**	[elm]
freixo (m)	**ash**	[æʃ]
castanheiro (m)	**chestnut**	[ˈtʃesnʌt]
magnólia (f)	**magnolia**	[mægˈnəʊlɪə]
palmeira (f)	**palm tree**	[pɑ:m tri:]
cipreste (m)	**cypress**	[ˈsaɪprəs]
mangue (m)	**mangrove**	[ˈmæŋgrəʊv]
embondeiro, baobá (m)	**baobab**	[ˈbeɪəʊˌbæb]
eucalipto (m)	**eucalyptus**	[ˌju:kəˈlɪptəs]
sequoia (f)	**sequoia**	[sɪˈkwɔɪə]

95. Arbustos

arbusto (m)	bush	[bʊʃ]
arbusto (m), moita (f)	shrub	[ʃrʌb]
videira (f)	grapevine	['greɪpvaɪn]
vinhedo (m)	vineyard	['vɪnjəd]
framboeseira (f)	raspberry bush	['rɑːzbərɪ bʊʃ]
groselheira-vermelha (f)	redcurrant bush	['redkʌrənt bʊʃ]
groselheira (f) espinhosa	gooseberry bush	['gʊzbərɪ ˌbʊʃ]
acácia (f)	acacia	[ə'keɪʃə]
bérberis (f)	barberry	['bɑːbərɪ]
jasmim (m)	jasmine	['dʒæzmɪn]
junípero (m)	juniper	['dʒuːnɪpə(r)]
roseira (f)	rosebush	['rəʊzbʊʃ]
roseira (f) brava	dog rose	['dɒg ˌrəʊz]

96. Frutos. Bagas

fruta (f)	fruit	[fruːt]
frutas (f pl)	fruits	[fruːts]
maçã (f)	apple	['æpəl]
pera (f)	pear	[peə(r)]
ameixa (f)	plum	[plʌm]
morango (m)	strawberry	['strɔːbərɪ]
ginja (f)	sour cherry	['saʊə 'tʃerɪ]
cereja (f)	sweet cherry	[swiːt 'tʃerɪ]
uva (f)	grape	[greɪp]
framboesa (f)	raspberry	['rɑːzbərɪ]
groselha (f) preta	blackcurrant	[ˌblæk'kʌrənt]
groselha (f) vermelha	redcurrant	['redkʌrənt]
groselha (f) espinhosa	gooseberry	['gʊzbərɪ]
oxicoco (m)	cranberry	['krænbərɪ]
laranja (f)	orange	['ɒrɪndʒ]
tangerina (f)	mandarin	['mændərɪn]
ananás (m)	pineapple	['paɪnˌæpəl]
banana (f)	banana	[bə'nɑːnə]
tâmara (f)	date	[deɪt]
limão (m)	lemon	['lemən]
damasco (m)	apricot	['eɪprɪkɒt]
pêssego (m)	peach	[piːtʃ]
kiwi (m)	kiwi	['kiːwiː]

toranja (f)	grapefruit	['greɪpfruːt]
baga (f)	berry	['berɪ]
bagas (f pl)	berries	['berɪːz]
arando (m) vermelho	cowberry	['kaʊberɪ]
morango-silvestre (m)	field strawberry	[ˌfiːld 'strɔːberɪ]
mirtilo (m)	bilberry	['bɪlberɪ]

97. Flores. Plantas

| flor (f) | flower | ['flaʊə(r)] |
| ramo (m) de flores | bouquet | [bʊ'keɪ] |

rosa (f)	rose	[rəʊz]
tulipa (f)	tulip	['tjuːlɪp]
cravo (m)	carnation	[kɑ:'neɪʃən]
gladíolo (m)	gladiolus	[ˌglædɪ'əʊləs]

centáurea (f)	cornflower	['kɔːnflaʊə(r)]
campânula (f)	bluebell	['bluːbel]
dente-de-leão (m)	dandelion	['dændɪlaɪən]
camomila (f)	camomile	['kæməmaɪl]

aloé (m)	aloe	['æləʊ]
cato (m)	cactus	['kæktəs]
fícus (m)	rubber plant, ficus	['rʌbə plɑːnt], ['faɪkəs]

lírio (m)	lily	['lɪlɪ]
gerânio (m)	geranium	[dʒɪ'reɪnjəm]
jacinto (m)	hyacinth	['haɪəsɪnθ]

mimosa (f)	mimosa	[mɪ'məʊzə]
narciso (m)	narcissus	[nɑː'sɪsəs]
capuchinha (f)	nasturtium	[nəs'tɜːʃəm]

orquídea (f)	orchid	['ɔːkɪd]
peónia (f)	peony	['piːənɪ]
violeta (f)	violet	['vaɪələt]

amor-perfeito (m)	pansy	['pænzɪ]
não-me-esqueças (m)	forget-me-not	[fə'get mi ˌnɒt]
margarida (f)	daisy	['deɪzɪ]

papoula (f)	poppy	['pɒpɪ]
cânhamo (m)	hemp	[hemp]
hortelã (f)	mint	[mɪnt]

lírio-do-vale (m)	lily of the valley	['lɪlɪ əv ðə 'vælɪ]
campânula-branca (f)	snowdrop	['snəʊdrɒp]
urtiga (f)	nettle	['netəl]
azeda (f)	sorrel	['sɒrəl]

nenúfar (m)	water lily	['wɔ:tə 'lɪlɪ]
feto (m), samambaia (f)	fern	[fɜ:n]
líquen (m)	lichen	['laɪkən]

estufa (f)	greenhouse	['gri:nhaʊs]
relvado (m)	lawn	[lɔ:n]
canteiro (m) de flores	flowerbed	['flaʊəbed]

planta (f)	plant	[plɑ:nt]
erva (f)	grass	[grɑ:s]
folha (f) de erva	blade of grass	[bleɪd əv grɑ:s]

folha (f)	leaf	[li:f]
pétala (f)	petal	['petəl]
talo (m)	stem	[stem]
tubérculo (m)	tuber	['tju:bə(r)]

| broto, rebento (m) | young plant | [jʌŋ plɑ:nt] |
| espinho (m) | thorn | [θɔ:n] |

florescer (vi)	to blossom (vi)	[tə 'blɒsəm]
murchar (vi)	to fade (vi)	[tə feɪd]
cheiro (m)	smell	[smel]
cortar (flores)	to cut (vt)	[tə kʌt]
colher (uma flor)	to pick (vt)	[tə pɪk]

98. Cereais, grãos

grão (m)	grain	[greɪn]
cereais (plantas)	cereal crops	['sɪərɪəl krɒps]
espiga (f)	ear	[ɪə(r)]

trigo (m)	wheat	[wi:t]
centeio (m)	rye	[raɪ]
aveia (f)	oats	[əʊts]
milho-miúdo (m)	millet	['mɪlɪt]
cevada (f)	barley	['bɑ:lɪ]

milho (m)	corn	[kɔ:n]
arroz (m)	rice	[raɪs]
trigo-sarraceno (m)	buckwheat	['bʌkwi:t]

ervilha (f)	pea	[pi:]
feijão (m)	kidney bean	['kɪdnɪ bi:n]
soja (f)	soy	[sɔɪ]
lentilha (f)	lentil	['lentɪl]
fava (f)	beans	[bi:nz]

T&P BOOKS

PAÍSES DO MUNDO

T&P Books Publishing

Afeganistão (m)	Afghanistan	[æf'gænɪˌstæn]
África do Sul (f)	South Africa	[saʊθ 'æfrɪkə]
Albânia (f)	Albania	[æl'beɪnɪə]
Alemanha (f)	Germany	['dʒɜːmənɪ]
Arábia (f) Saudita	Saudi Arabia	['saʊdɪ ə'reɪbɪə]
Argentina (f)	Argentina	[ˌɑːdʒən'tiːnə]
Arménia (f)	Armenia	[ɑː'miːnɪə]
Austrália (f)	Australia	[ɒ'streɪljə]
Áustria (f)	Austria	['ɒstrɪə]
Azerbaijão (m)	Azerbaijan	[ˌæzəbaɪ'dʒɑːn]
Bahamas (f pl)	The Bahamas	[ðə bə'hɑːməz]
Bangladesh (m)	Bangladesh	[ˌbæŋglə'deʃ]
Bélgica (f)	Belgium	['beldʒəm]
Bielorrússia (f)	Belarus	[ˌbelə'ruːs]
Bolívia (f)	Bolivia	[bə'lɪvɪə]
Bósnia e Herzegovina (f)	Bosnia and Herzegovina	['bɒznɪə ənd ˌheətsəgə'viːnə]
Brasil (m)	Brazil	[brə'zɪl]
Bulgária (f)	Bulgaria	[bʌl'geərɪə]
Camboja (f)	Cambodia	[kæm'bəʊdjə]
Canadá (m)	Canada	['kænədə]
Cazaquistão (m)	Kazakhstan	[ˌkæzæk'stɑːn]
Chile (m)	Chile	['tʃɪlɪ]
China (f)	China	['tʃaɪnə]
Chipre (m)	Cyprus	['saɪprəs]
Colômbia (f)	Colombia	[kə'lɒmbɪə]
Coreia do Norte (f)	North Korea	[nɔːθ kə'rɪə]
Coreia do Sul (f)	South Korea	[saʊθ kə'rɪə]
Croácia (f)	Croatia	[krəʊ'eɪʃə]
Cuba (f)	Cuba	['kjuːbə]
Dinamarca (f)	Denmark	['denmɑːk]
Egito (m)	Egypt	['iːdʒɪpt]
Emirados Árabes Unidos	United Arab Emirates	[juː'naɪtɪd 'ærəb 'emərəts]
Equador (m)	Ecuador	['ekwədɔː(r)]
Escócia (f)	Scotland	['skɒtlənd]
Eslováquia (f)	Slovakia	[slə'vækɪə]
Eslovénia (f)	Slovenia	[slə'viːnɪə]
Espanha (f)	Spain	[speɪn]
Estados Unidos da América	United States of America	[juː'naɪtɪd steɪts əv ə'merɪkə]
Estónia (f)	Estonia	[e'stəʊnjə]

100. Países. Parte 2

Finlândia (f)	Finland	['fɪnlənd]
França (f)	France	[frɑːns]
Gana (f)	Ghana	['gɑːnə]
Geórgia (f)	Georgia	['dʒɔːdʒjə]
Grã-Bretanha (f)	Great Britain	[greɪt 'brɪtən]
Grécia (f)	Greece	[griːs]
Haiti (m)	Haiti	['heɪtɪ]
Hungria (f)	Hungary	['hʌŋgərɪ]
Índia (f)	India	['ɪndɪə]
Indonésia (f)	Indonesia	[ˌɪndə'niːzjə]
Inglaterra (f)	England	['ɪŋglənd]
Irão (m)	Iran	[ɪ'rɑːn]
Iraque (m)	Iraq	[ɪ'rɑːk]
Irlanda (f)	Ireland	['aɪələnd]
Islândia (f)	Iceland	['aɪslənd]
Israel (m)	Israel	['ɪzreɪəl]
Itália (f)	Italy	['ɪtəlɪ]
Jamaica (f)	Jamaica	[dʒə'meɪkə]
Japão (m)	Japan	[dʒə'pæn]
Jordânia (f)	Jordan	['dʒɔːdən]
Kuwait (m)	Kuwait	[kʊ'weɪt]
Laos (m)	Laos	[laʊs]
Letónia (f)	Latvia	['lætvɪə]
Líbano (m)	Lebanon	['lebənən]
Líbia (f)	Libya	['lɪbɪə]
Liechtenstein (m)	Liechtenstein	['lɪktənstaɪn]
Lituânia (f)	Lithuania	[ˌlɪθjʊ'eɪnjə]
Luxemburgo (m)	Luxembourg	['lʌksəmbɜːg]
Macedónia (f)	Macedonia	[ˌmæsɪ'dəʊnɪə]
Madagáscar (m)	Madagascar	[ˌmædə'gæskə(r)]
Malásia (f)	Malaysia	[mə'leɪzɪə]
Malta (f)	Malta	['mɔːltə]
Marrocos	Morocco	[mə'rɒkəʊ]
México (m)	Mexico	['meksɪkəʊ]
Mianmar, Birmânia	Myanmar	[ˌmaɪæn'mɑː(r)]
Moldávia (f)	Moldavia	[mɒl'deɪvɪə]
Mónaco (m)	Monaco	['mɒnəkəʊ]
Mongólia (f)	Mongolia	[mɒŋ'gəʊlɪə]
Montenegro (m)	Montenegro	[ˌmɒntɪ'niːgrəʊ]
Namíbia (f)	Namibia	[nə'mɪbɪə]
Nepal (m)	Nepal	[nɪ'pɔːl]
Noruega (f)	Norway	['nɔːweɪ]
Nova Zelândia (f)	New Zealand	[njuː 'ziːlənd]

101. Países. Parte 3

Países (m pl) Baixos	Netherlands	['neðələndz]
Palestina (f)	Palestine	['pælə‚staın]
Panamá (m)	Panama	['pænəmɑ:]
Paquistão (m)	Pakistan	['pækıstæn]
Paraguai (m)	Paraguay	['pærəgwaı]
Peru (m)	Peru	[pə'ru:]
Polinésia Francesa (f)	French Polynesia	[frentʃ ‚pɒlı'ni:zjə]

Polónia (f)	Poland	['pəʊlənd]
Portugal (m)	Portugal	['pɔːtʃʊgəl]
Quénia (f)	Kenya	['kenjə]
Quirguizistão (m)	Kirghizia	[kɜ:'gızıə]
República (f) Checa	Czech Republic	[tʃek rı'pʌblık]
República (f) Dominicana	Dominican Republic	[də'mınıkən rı'pʌblık]
Roménia (f)	Romania	[ru:'meınıə]
Rússia (f)	Russia	['rʌʃə]

Senegal (m)	Senegal	[‚senı'gɔ:l]
Sérvia (f)	Serbia	['sɜ:bıə]
Síria (f)	Syria	['sırıə]
Suécia (f)	Sweden	['swi:dən]
Suíça (f)	Switzerland	['swıtsələnd]
Suriname (m)	Suriname	[‚sʊərı'næm]
Tailândia (f)	Thailand	['taılænd]

Taiwan (m)	Taiwan	[‚taı'wɑ:n]
Tajiquistão (m)	Tajikistan	[tɑ:‚dʒıkı'stɑ:n]
Tanzânia (f)	Tanzania	[‚tænzə'nıə]
Tasmânia (f)	Tasmania	[tæz'meınjə]
Tunísia (f)	Tunisia	[tju:'nızıə]
Turquemenistão (m)	Turkmenistan	[‚tɜ:kmenı'stɑ:n]
Turquia (f)	Turkey	['tɜ:kı]
Ucrânia (f)	Ukraine	[ju:'kreın]

Uruguai (m)	Uruguay	['jʊərəgwaı]
Uzbequistão (f)	Uzbekistan	[ʊz‚bekı'stɑ:n]
Vaticano (m)	Vatican	['vætıkən]
Venezuela (f)	Venezuela	[‚venı'zweılə]
Vietname (m)	Vietnam	[‚vjet'nɑ:m]
Zanzibar (m)	Zanzibar	[‚zænzı'bɑ:(r)]

DICIONÁRIO GASTRONÔMICO

Esta secção contém uma
série de palavras e termos
associados aos alimentos.
Este dicionário fará com
que seja mais fácil para si
entender o menu num
restaurante e escolher o
prato certo

T&P Books Publishing

Português-Inglês dicionário gastronômico

Português	English	IPA
água (f)	water	['wɔ:tə(r)]
água (f) mineral	mineral water	['mɪnərəl 'wɔ:tə(r)]
água (f) potável	drinking water	['drɪŋkɪŋ 'wɔ:tə(r)]
óleo (m)	vegetable oil	['vedʒtəbəl ɔɪl]
óleo (m) de girassol	sunflower oil	['sʌnˌflaʊə ɔɪl]
açúcar (m)	sugar	['ʃʊgə(r)]
açafrão (m)	saffron	['sæfrən]
abóbora (f)	pumpkin	['pʌmpkɪn]
abacate (m)	avocado	[ˌævə'kɑ:dəʊ]
abre-latas (m)	can opener	[kæn 'əʊpənə(r)]
abridor (m) de garrafas	bottle opener	['bɒtəl 'əʊpənə(r)]
agário-das-moscas (m)	fly agaric	[flaɪ 'ægərɪk]
aipo (m)	celery	['selərɪ]
alcachofra (f)	artichoke	['ɑ:tɪtʃəʊk]
alface (f)	lettuce	['letɪs]
alho (m)	garlic	['gɑ:lɪk]
almoço (m)	lunch	[lʌntʃ]
amêndoa (f)	almond	['ɑ:mənd]
amargo	bitter	['bɪtə(r)]
ameixa (f)	plum	[plʌm]
amendoim (m)	peanut	['pi:nʌt]
amora silvestre (f)	blackberry	['blækbərɪ]
ananás (m)	pineapple	['paɪnˌæpəl]
anis (m)	anise	['ænɪs]
aperitivo (m)	aperitif	[əperə'ti:f]
apetite (m)	appetite	['æpɪtaɪt]
arando (m) vermelho	cowberry	['kaʊberɪ]
arenque (m)	herring	['herɪŋ]
arroz (m)	rice	[raɪs]
atum (m)	tuna	['tu:nə]
aveia (f)	oats	[əʊts]
avelã (f)	hazelnut	['heɪzəlnʌt]
azeite (m)	olive oil	['ɒlɪv ɔɪl]
azeitonas (f pl)	olives	['ɒlɪvz]
bacalhau (m)	cod	[kɒd]
bacon (m)	bacon	['beɪkən]
baga (f)	berry	['berɪ]
bagas (f pl)	berries	['berɪ:z]
banana (f)	banana	[bə'nɑ:nə]
bar (m)	pub, bar	[pʌb], [bɑ:(r)]
barman (m)	bartender	['bɑ:rˌtendə(r)]
batata (f)	potato	[pə'teɪtəʊ]
batido (m) de leite	milkshake	['mɪlk ʃeɪk]
bebida (f) sem álcool	soft drink	[sɒft drɪŋk]

bebidas (f pl) alcoólicas	liquors	['lıkəz]
beringela (f)	eggplant	['egplɑ:nt]
beterraba (f)	beetroot	['bi:tru:t]
bife (m)	steak	[steɪk]
bocado, pedaço (m)	piece	[pi:s]
bolacha (f)	cookies	['kʊkɪz]
boleto (m) áspero	orange-cap boletus	['ɒrɪndʒ kæp bə'li:təs]
boleto (m) castanho	birch bolete	[bɜ:tʃ bə'li:tə]
bolo (m)	cake	[keɪk]
bolo (m) de aniversário	cake	[keɪk]
Bom apetite!	Enjoy your meal!	[ɪn'dʒɔɪ jɔ: ˌmi:l]
brócolos (m pl)	broccoli	['brɒkəlɪ]
brema (f)	bream	[bri:m]
caça (f)	game	[geɪm]
café (m)	coffee	['kɒfɪ]
café (m) com leite	coffee with milk	['kɒfɪ wɪð mɪlk]
café (m) puro	black coffee	[blæk 'kɒfɪ]
café (m) solúvel	instant coffee	['ɪnstənt 'kɒfɪ]
caldo (m)	clear soup	[ˌklɪə 'su:p]
caloria (f)	calorie	['kælərɪ]
camarão (m)	shrimp	[ʃrɪmp]
canela (f)	cinnamon	['sɪnəmən]
cantarelo (m)	chanterelle	[ʃɒntə'rel]
cappuccino (m)	cappuccino	[ˌkæpʊ'tʃi:nəʊ]
caranguejo (m)	crab	[kræb]
carne (f)	meat	[mi:t]
carne (f) de carneiro	lamb	[læm]
carne (f) de coelho	rabbit	['ræbɪt]
carne (f) de porco	pork	[pɔ:k]
carne (f) de vaca	beef	[bi:f]
carne (f) de vitela	veal	[vi:l]
carne (f) moída	hamburger	['hæmbɜ:gə(r)]
carpa (f)	carp	[kɑ:p]
casca (f)	peel	[pi:l]
cavala (m), sarda (f)	mackerel	['mækərəl]
caviar (m)	caviar	['kævɪɑ:(r)]
cebola (f)	onion	['ʌnjən]
cenoura (f)	carrot	['kærət]
centeio (m)	rye	[raɪ]
cepe-de-bordéus (m)	cep	[sep]
cereais (m pl)	cereal crops	['sɪərɪəl krɒps]
cereja (f)	sweet cherry	[swi:t 'tʃerɪ]
cerveja (f)	beer	[bɪə(r)]
cerveja (f) clara	light beer	[ˌlaɪt 'bɪə(r)]
cerveja (f) preta	dark beer	['dɑ:k ˌbɪə(r)]
cevada (f)	barley	['bɑ:lɪ]
chá (m)	tea	[ti:]
chá (m) preto	black tea	[blæk ti:]
chá (m) verde	green tea	['gri:n ti:]
chávena (f)	cup	[kʌp]
champanhe (m)	champagne	[ʃæm'peɪn]
chocolate (m)	chocolate	['tʃɒkələt]

chouriço (m)	sausage	['sɒsɪdʒ]
cicuta (f) verde	death cap	['deθ ˌkæp]
clara (f) do ovo	egg white	['eg ˌwaɪt]
coco (m)	coconut	['kəʊkənʌt]
coentro (m)	coriander	[ˌkɒrɪ'ændə(r)]
cogumelo (m)	mushroom	['mʌʃrʊm]
cogumelo (m) comestível	edible mushroom	['edɪbəl 'mʌʃrʊm]
cogumelo (m) venenoso	poisonous mushroom	['pɔɪzənəs 'mʌʃrʊm]
colher (f)	spoon	[spu:n]
colher (f) de chá	teaspoon	['ti:spu:n]
colher (f) de sopa	soup spoon	[su:p spu:n]
com gás	sparkling	['spɑ:klɪŋ]
com gelo	with ice	[wɪð aɪs]
comida (f)	food	[fu:d]
cominho (m)	caraway	['kærəweɪ]
condimento (m)	condiment	['kɒndɪmənt]
conduto (m)	side dish	[saɪd dɪʃ]
congelado	frozen	['frəʊzən]
conhaque (m)	cognac	['kɒnjæk]
conservas (f pl)	canned food	[kænd fu:d]
conta (f)	check	[tʃek]
copo (m)	glass	[glɑ:s]
coquetel (m)	cocktail	['kɒkteɪl]
couve (f)	cabbage	['kæbɪdʒ]
couve-de-bruxelas (f)	Brussels sprouts	['brʌsəlz ˌsprəʊts]
couve-flor (f)	cauliflower	['kɒlɪˌflaʊə(r)]
cozido	boiled	['bɔɪld]
cozinha (f)	cuisine	[kwɪ'zi:n]
cravo (m)	cloves	[kləʊvz]
creme (m)	buttercream	['bʌtəˌkri:m]
creme (m) azedo	sour cream	['saʊə ˌkri:m]
croquete (m)	fried meatballs	[fraɪd 'mi:tbɔ:lz]
crustáceos (m pl)	crustaceans	[krʌ'steɪʃenz]
curgete (f)	zucchini	[zu:'ki:nɪ]
damasco (m)	apricot	['eɪprɪkɒt]
de chocolate	chocolate	['tʃɒkələt]
dieta (f)	diet	['daɪət]
doce (m)	jam	[dʒæm]
doce (m)	jam	[dʒæm]
doce, açucarado	sweet	[swi:t]
em vinagre	pickled	['pɪkəld]
ementa (f)	menu	['menju:]
empregada (f) de mesa	waitress	['weɪtrɪs]
empregado (m) de mesa	waiter	['weɪtə(r)]
enguia (f)	eel	[i:l]
entrada (f)	appetizer	['æpɪtaɪzə(r)]
ervilha (f)	pea	[pi:]
espaguete (m)	spaghetti	[spə'getɪ]
espargo (m)	asparagus	[ə'spærəgəs]
especiaria (f)	spice	[spaɪs]
espiga (f)	ear	[ɪə(r)]
espinafre (m)	spinach	['spɪnɪdʒ]

esturjão (m)	sturgeon	['stɜːdʒən]
faca (f)	knife	[naɪf]
farinha (f)	flour	['flaʊə(r)]
fatia (f)	slice	[slaɪs]
fava (f)	beans	[biːnz]
feijão (m)	kidney bean	['kɪdnɪ biːn]
fiambre (f)	ham	[hæm]
figo (m)	fig	[fɪg]
flocos (m pl) de milho	cornflakes	['kɔːnfleɪks]
folhas (f pl) de louro	bay leaf	[beɪ liːf]
framboesa (f)	raspberry	['rɑːzbərɪ]
frio	cold	[kəʊld]
frito	fried	[fraɪd]
fruta (f)	fruit	[fruːt]
frutas (f pl)	fruits	[fruːts]
fumado	smoked	[sməʊkt]
funcho, endro (m)	dill	[dɪl]
galinha (f)	chicken	['tʃɪkɪn]
ganso (m)	goose	[guːs]
garfo (m)	fork	[fɔːk]
gaseificada	carbonated	['kɑːbəneɪtɪd]
gelado (m)	ice-cream	[aɪs kriːm]
geleia (f) de frutas	marmalade	['mɑːməleɪd]
gelo (m)	ice	[aɪs]
gema (f) do ovo	egg yolk	['eg jəʊk]
gengibre (m)	ginger	['dʒɪndʒə(r)]
gim (m)	gin	[dʒɪn]
ginja (f)	sour cherry	['saʊə 'tʃerɪ]
gorduras (f pl)	fats	[fæts]
gorjeta (f)	tip	[tɪp]
gostinho (m)	aftertaste	['ɑːftəteɪst]
gostoso	tasty	['teɪstɪ]
grão (m)	grain	[greɪn]
grãos (m pl) de cereais	cereal grains	['sɪərɪəl greɪnz]
groselha (f) espinhosa	gooseberry	['gʊzbərɪ]
groselha (f) preta	blackcurrant	[ˌblæk'kʌrənt]
groselha (f) vermelha	redcurrant	['redkʌrənt]
guisado (m)	stew	[stjuː]
halibute (m)	halibut	['hælɪbət]
hambúrguer (m)	hamburger	['hæmbɜːgə(r)]
hidratos (m pl) de carbono	carbohydrates	[ˌkɑːbəʊ'haɪdreɪts]
iogurte (m)	yogurt	['jəʊgərt]
iscas (f pl)	liver	['lɪvə(r)]
jantar (m)	dinner	['dɪnə(r)]
kiwi (m)	kiwi	['kiːwiː]
língua (f)	tongue	[tʌŋ]
lúcio (m)	pike	[paɪk]
lagosta (f)	spiny lobster	['spaɪnɪ 'lɒbstə(r)]
laranja (f)	orange	['ɒrɪndʒ]
legumes (m pl)	vegetables	['vedʒtəbəlz]
leite (m)	milk	[mɪlk]
leite (m) condensado	condensed milk	[kən'denst mɪlk]

lentilha (f)	**lentil**	['lentɪl]
licor (m)	**liqueur**	[lɪ'kjʊə(r)]
limão (m)	**lemon**	['lemən]
limonada (f)	**lemonade**	[ˌleməˈneɪd]
lista (f) de vinhos	**wine list**	['waɪn lɪst]
lula (f)	**squid**	[skwɪd]
maçã (f)	**apple**	['æpəl]
maionese (f)	**mayonnaise**	[ˌmeɪəˈneɪz]
manga (f)	**mango**	['mæŋgəʊ]
manjericão (m)	**basil**	['beɪzəl]
manteiga (f)	**butter**	['bʌtə(r)]
margarina (f)	**margarine**	[ˌmɑːdʒəˈriːn]
marisco (m)	**seafood**	['siːfuːd]
massas (f pl)	**pasta**	['pæstə]
mel (m)	**honey**	['hʌnɪ]
melancia (f)	**watermelon**	['wɔːtəˌmelən]
meloa (f), melão (m)	**melon**	['melən]
migalha (f)	**crumb**	[krʌm]
milho (m)	**corn**	[kɔːn]
milho (m)	**corn**	[kɔːn]
milho-miúdo (m)	**millet**	['mɪlɪt]
mirtilo (m)	**bilberry**	['bɪlbərɪ]
molho (m)	**sauce**	[sɔːs]
morango (m)	**strawberry**	['strɔːbərɪ]
morango-silvestre (m)	**field strawberry**	[ˌfiːld 'strɔːbərɪ]
morchela (f)	**morel**	[məˈrel]
mostarda (f)	**mustard**	['mʌstəd]
nabo (m)	**turnip**	['tɜːnɪp]
nata (f) do leite	**cream**	[kriːm]
noz (f)	**walnut**	['wɔːlnʌt]
omelete (f)	**omelet**	['ɒmlɪt]
ostra (f)	**oyster**	['ɔɪstə(r)]
ovo (m)	**egg**	[eg]
ovos (m pl)	**eggs**	[egz]
ovos (m pl) estrelados	**fried eggs**	['fraɪd ˌegz]
oxicoco (m)	**cranberry**	['krænbərɪ]
páprica (f)	**paprika**	['pæprɪkə]
pão (m)	**bread**	[bred]
pêssego (m)	**peach**	[piːtʃ]
palito (m)	**toothpick**	['tuːθpɪk]
papa (f)	**porridge**	['pɒrɪdʒ]
papaia (f), mamão (m)	**papaya**	[pəˈpaɪə]
pastelaria (f)	**confectionery**	[kənˈfekʃənərɪ]
pastilha (f) elástica	**chewing gum**	['tʃuːɪŋ ˌgʌm]
patê (m)	**pâté**	['pæteɪ]
pato (m)	**duck**	[dʌk]
peixe (m)	**fish**	[fɪʃ]
pepino (m)	**cucumber**	['kjuːkʌmbə(r)]
pequeno-almoço (m)	**breakfast**	['brekfəst]
pera (f)	**pear**	[peə(r)]
perca (f)	**perch**	[pɜːtʃ]
peru (m)	**turkey**	['tɜːkɪ]

pimentão (m)	bell pepper	[bel 'pepə(r)]
pimenta (f) preta	black pepper	[blæk 'pepə(r)]
pimenta (f) vermelha	red pepper	[red 'pepə(r)]
pires (m)	saucer	['sɔ:sə(r)]
pistáchios (m pl)	pistachios	[pɪ'stɑːʃɪəʊs]
pizza (f)	pizza	['piːtsə]
porção (f)	portion	['pɔːʃən]
prato (m)	course, dish	[kɔːs], [dɪʃ]
prato (m)	plate	[pleɪt]
presunto (m)	gammon	['gæmən]
proteínas (f pl)	proteins	['prəʊtiːnz]
pudim (m)	pudding	['pʊdɪŋ]
puré (m) de batata	mashed potatoes	[mæʃt pə'teɪtəʊz]
queijo (m)	cheese	[tʃiːz]
quente	hot	[hɒt]
rússula (f)	russula	['rʌsjʊlə]
rabanete (m)	radish	['rædɪʃ]
raiz-forte (f)	horseradish	['hɔːsˌrædɪʃ]
rebuçado (m)	candy	['kændɪ]
receita (f)	recipe	['resɪpɪ]
recheio (m)	filling	['fɪlɪŋ]
refresco (m)	refreshing drink	[rɪ'freʃɪŋ drɪŋk]
romã (f)	pomegranate	['pɒmɪˌgrænɪt]
rum (m)	rum	[rʌm]
sésamo (m)	sesame	['sesəmɪ]
sabor, gosto (m)	taste, flavor	[teɪst], ['fleɪvə(r)]
saca-rolhas (m)	corkscrew	['kɔːkskruː]
sal (m)	salt	[sɔːlt]
salada (f)	salad	['sæləd]
salgado	salty	['sɔːltɪ]
salmão (m)	salmon	['sæmən]
salmão (m)	Atlantic salmon	[ət'læntɪk 'sæmən]
salsa (f)	parsley	['pɑːslɪ]
salsicha (f)	vienna sausage	[vɪ'enə 'sɒsɪdʒ]
sandes (f)	sandwich	['sænwɪdʒ]
sardinha (f)	sardine	[sɑː'diːn]
seco	dried	[draɪd]
sem álcool	non-alcoholic	[nɒn ˌælkə'hɒlɪk]
sem gás	still	[stɪl]
siluro (m)	catfish	['kætfɪʃ]
sobremesa (f)	dessert	[dɪ'zɜːt]
soja (f)	soy	[sɔɪ]
solha (f)	flatfish	['flætfɪʃ]
sopa (f)	soup	[suːp]
sumo (m)	juice	[dʒuːs]
sumo (m) de laranja	orange juice	['ɒrɪndʒ ˌdʒuːs]
sumo (m) de tomate	tomato juice	[tə'meɪtəʊ dʒuːs]
sumo (m) fresco	freshly squeezed juice	['freʃlɪ skwiːzd dʒuːs]
tâmara (f)	date	[deɪt]
taça (m) de vinho	glass	[glɑːs]
talharim (m)	noodles	['nuːdəlz]
tangerina (f)	mandarin	['mændərɪn]

tarte (f)	pie	[paɪ]
tomate (m)	tomato	[təˈmeɪtəʊ]
toranja (f)	grapefruit	[ˈɡreɪpfruːt]
toucinho (m)	lard	[lɑːd]
trigo (m)	wheat	[wiːt]
trigo-sarraceno (m)	buckwheat	[ˈbʌkwiːt]
truta (f)	trout	[traʊt]
tubarão (m)	shark	[ʃɑːk]
uísque (m)	whisky	[ˈwɪskɪ]
uva (f)	grape	[greɪp]
uvas (f pl) passas	raisin	[ˈreɪzən]
vegetariano	vegetarian	[ˌvedʒɪˈteərɪən]
vegetariano (m)	vegetarian	[ˌvedʒɪˈteərɪən]
verduras (f pl)	greens	[griːnz]
vermute (m)	vermouth	[vɜːˈmuːθ]
vinagre (m)	vinegar	[ˈvɪnɪɡə(r)]
vinho (m)	wine	[waɪn]
vinho (m) branco	white wine	[ˈwaɪt ˌwaɪn]
vinho (m) tinto	red wine	[ˈred ˌwaɪn]
vitamina (f)	vitamin	[ˈvaɪtəmɪn]
vodca, vodka (f)	vodka	[ˈvɒdkə]
waffle (m)	waffles	[ˈwɒfəlz]
zander (m)	pike perch	[paɪk pɜːtʃ]

aftertaste	[ˈɑːftəteɪst]	gostinho (m)
almond	[ˈɑːmənd]	amêndoa (f)
anise	[ˈænɪs]	anis (m)
aperitif	[əperəˈtiːf]	aperitivo (m)
appetite	[ˈæpɪtaɪt]	apetite (m)
appetizer	[ˈæpɪtaɪzə(r)]	entrada (f)
apple	[ˈæpəl]	maçã (f)
apricot	[ˈeɪprɪkɒt]	damasco (m)
artichoke	[ˈɑːtɪtʃəʊk]	alcachofra (f)
asparagus	[əˈspærəgəs]	espargo (m)
Atlantic salmon	[ətˈlæntɪk ˈsæmən]	salmão (m)
avocado	[ˌævəˈkɑːdəʊ]	abacate (m)
bacon	[ˈbeɪkən]	bacon (m)
banana	[bəˈnɑːnə]	banana (f)
barley	[ˈbɑːlɪ]	cevada (f)
bartender	[ˈbɑːrˌtendə(r)]	barman (m)
basil	[ˈbeɪzəl]	manjericão (m)
bay leaf	[beɪ liːf]	folhas (f pl) de louro
beans	[biːnz]	fava (f)
beef	[biːf]	carne (f) de vaca
beer	[bɪə(r)]	cerveja (f)
beetroot	[ˈbiːtruːt]	beterraba (f)
bell pepper	[bel ˈpepə(r)]	pimentão (m)
berries	[ˈberɪːz]	bagas (f pl)
berry	[ˈberɪ]	baga (f)
bilberry	[ˈbɪlbərɪ]	mirtilo (m)
birch bolete	[bɜːtʃ bəˈliːtə]	boleto (m) castanho
bitter	[ˈbɪtə(r)]	amargo
black coffee	[blæk ˈkɒfɪ]	café (m) puro
black pepper	[blæk ˈpepə(r)]	pimenta (f) preta
black tea	[blæk tiː]	chá (m) preto
blackberry	[ˈblækbərɪ]	amora silvestre (f)
blackcurrant	[ˌblækˈkʌrənt]	groselha (f) preta
boiled	[ˈbɔɪld]	cozido
bottle opener	[ˈbɒtəl ˈəʊpənə(r)]	abridor (m) de garrafas
bread	[bred]	pão (m)
breakfast	[ˈbrekfəst]	pequeno-almoço (m)
bream	[briːm]	brema (f)
broccoli	[ˈbrɒkəlɪ]	brócolos (m pl)
Brussels sprouts	[ˈbrʌsəlz ˌspraʊts]	couve-de-bruxelas (f)
buckwheat	[ˈbʌkwiːt]	trigo-sarraceno (m)
butter	[ˈbʌtə(r)]	manteiga (f)
buttercream	[ˈbʌtəˌkriːm]	creme (m)
cabbage	[ˈkæbɪdʒ]	couve (f)

cake	[keɪk]	bolo (m)
cake	[keɪk]	bolo (m) de aniversário
calorie	['kælərɪ]	caloria (f)
can opener	[kæn 'əʊpənə(r)]	abre-latas (m)
candy	['kændɪ]	rebuçado (m)
canned food	[kænd fuːd]	conservas (f pl)
cappuccino	[ˌkæpʊ'tʃiːnəʊ]	cappuccino (m)
caraway	['kærəweɪ]	cominho (m)
carbohydrates	[ˌkɑːbəʊ'haɪdreɪts]	hidratos (m pl) de carbono
carbonated	['kɑːbəneɪtɪd]	gaseificada
carp	[kɑːp]	carpa (f)
carrot	['kærət]	cenoura (f)
catfish	['kætfɪʃ]	siluro (m)
cauliflower	['kɒlɪˌflaʊə(r)]	couve-flor (f)
caviar	['kævɪɑː(r)]	caviar (m)
celery	['selərɪ]	aipo (m)
cep	[sep]	cepe-de-bordéus (m)
cereal crops	['sɪərɪəl krɒps]	cereais (m pl)
cereal grains	['sɪərɪəl greɪnz]	grãos (m pl) de cereais
champagne	[ʃæm'peɪn]	champanhe (m)
chanterelle	[ʃɒntə'rel]	cantarelo (m)
check	[tʃek]	conta (f)
cheese	[tʃiːz]	queijo (m)
chewing gum	['tʃuːɪŋ ˌgʌm]	pastilha (f) elástica
chicken	['tʃɪkɪn]	galinha (f)
chocolate	['tʃɒkələt]	chocolate (m)
chocolate	['tʃɒkələt]	de chocolate
cinnamon	['sɪnəmən]	canela (f)
clear soup	[ˌklɪə 'suːp]	caldo (m)
cloves	[kləʊvz]	cravo (m)
cocktail	['kɒkteɪl]	coquetel (m)
coconut	['kəʊkənʌt]	coco (m)
cod	[kɒd]	bacalhau (m)
coffee	['kɒfɪ]	café (m)
coffee with milk	['kɒfɪ wɪð mɪlk]	café (m) com leite
cognac	['kɒnjæk]	conhaque (m)
cold	[kəʊld]	frio
condensed milk	[kən'denst mɪlk]	leite (m) condensado
condiment	['kɒndɪmənt]	condimento (m)
confectionery	[kən'fekʃənərɪ]	pastelaria (f)
cookies	['kʊkɪz]	bolacha (f)
coriander	[ˌkɒrɪ'ændə(r)]	coentro (m)
corkscrew	['kɔːkskruː]	saca-rolhas (m)
corn	[kɔːn]	milho (m)
corn	[kɔːn]	milho (m)
cornflakes	['kɔːnfleɪks]	flocos (m pl) de milho
course, dish	[kɔːs], [dɪʃ]	prato (m)
cowberry	['kaʊberɪ]	arando (m) vermelho
crab	[kræb]	caranguejo (m)
cranberry	['krænbərɪ]	oxicoco (m)
cream	[kriːm]	nata (f) do leite
crumb	[krʌm]	migalha (f)

crustaceans	[krʌˈsteɪʃənz]	crustáceos (m pl)
cucumber	[ˈkjuːkʌmbə(r)]	pepino (m)
cuisine	[kwɪˈziːn]	cozinha (f)
cup	[kʌp]	chávena (f)
dark beer	[ˈdɑːk ˌbɪə(r)]	cerveja (m) preta
date	[deɪt]	tâmara (f)
death cap	[ˈdeθ ˌkæp]	cicuta (f) verde
dessert	[dɪˈzɜːt]	sobremesa (f)
diet	[ˈdaɪət]	dieta (f)
dill	[dɪl]	funcho, endro (m)
dinner	[ˈdɪnə(r)]	jantar (m)
dried	[draɪd]	seco
drinking water	[ˈdrɪŋkɪŋ ˈwɔːtə(r)]	água (f) potável
duck	[dʌk]	pato (m)
ear	[ɪə(r)]	espiga (f)
edible mushroom	[ˈedɪbəl ˈmʌʃrʊm]	cogumelo (m) comestível
eel	[iːl]	enguia (f)
egg	[eg]	ovo (m)
egg white	[ˈeg ˌwaɪt]	clara (f) do ovo
egg yolk	[ˈeg ˌjəʊk]	gema (f) do ovo
eggplant	[ˈegplɑːnt]	beringela (f)
eggs	[egz]	ovos (m pl)
Enjoy your meal!	[ɪnˈdʒɔɪ jɔː ˌmiːl]	Bom apetite!
fats	[fæts]	gorduras (f pl)
field strawberry	[ˌfiːld ˈstrɔːbərɪ]	morango-silvestre (m)
fig	[fɪg]	figo (m)
filling	[ˈfɪlɪŋ]	recheio (m)
fish	[fɪʃ]	peixe (m)
flatfish	[ˈflætfɪʃ]	solha (f)
flour	[ˈflaʊə(r)]	farinha (f)
fly agaric	[flaɪ ˈægərɪk]	agário-das-moscas (m)
food	[fuːd]	comida (f)
fork	[fɔːk]	garfo (m)
freshly squeezed juice	[ˈfreʃlɪ skwiːzd dʒuːs]	sumo (m) fresco
fried	[fraɪd]	frito
fried eggs	[ˈfraɪd ˌegz]	ovos (m pl) estrelados
fried meatballs	[fraɪd ˈmiːtbɔːlz]	croquete (m)
frozen	[ˈfrəʊzən]	congelado
fruit	[fruːt]	fruta (f)
fruits	[fruːts]	frutas (f pl)
game	[geɪm]	caça (f)
gammon	[ˈgæmən]	presunto (m)
garlic	[ˈgɑːlɪk]	alho (m)
gin	[dʒɪn]	gim (m)
ginger	[ˈdʒɪndʒə(r)]	gengibre (m)
glass	[glɑːs]	copo (m)
glass	[glɑːs]	taça (m) de vinho
goose	[guːs]	ganso (m)
gooseberry	[ˈgʊzbərɪ]	groselha (f) espinhosa
grain	[greɪn]	grão (m)
grape	[greɪp]	uva (f)
grapefruit	[ˈgreɪpfruːt]	toranja (f)

green tea	['gri:n‚ti:]	chá (m) verde
greens	[gri:nz]	verduras (f pl)
halibut	['hælɪbət]	halibute (m)
ham	[hæm]	fiambre (f)
hamburger	['hæmbɜ:gə(r)]	carne (f) moída
hamburger	['hæmbɜ:gə(r)]	hambúrguer (m)
hazelnut	['heɪzəlnʌt]	avelã (f)
herring	['herɪŋ]	arenque (m)
honey	['hʌnɪ]	mel (m)
horseradish	['hɔ:s‚rædɪʃ]	raiz-forte (f)
hot	[hɒt]	quente
ice	[aɪs]	gelo (m)
ice-cream	[aɪs kri:m]	gelado (m)
instant coffee	['ɪnstənt 'kɒfɪ]	café (m) solúvel
jam	[dʒæm]	doce (m)
jam	[dʒæm]	doce (m)
juice	[dʒu:s]	sumo (m)
kidney bean	['kɪdnɪ bi:n]	feijão (m)
kiwi	['ki:wi:]	kiwi (m)
knife	[naɪf]	faca (f)
lamb	[læm]	carne (f) de carneiro
lard	[lɑ:d]	toucinho (m)
lemon	['lemən]	limão (m)
lemonade	[‚lemə'neɪd]	limonada (f)
lentil	['lentɪl]	lentilha (f)
lettuce	['letɪs]	alface (f)
light beer	[‚laɪt 'bɪə(r)]	cerveja (f) clara
liqueur	[lɪ'kjʊə(r)]	licor (m)
liquors	['lɪkəz]	bebidas (f pl) alcoólicas
liver	['lɪvə(r)]	iscas (f pl)
lunch	[lʌntʃ]	almoço (m)
mackerel	['mækərəl]	cavala (m), sarda (f)
mandarin	['mændərɪn]	tangerina (f)
mango	['mæŋgəʊ]	manga (f)
margarine	[‚mɑ:dʒə'ri:n]	margarina (f)
marmalade	['mɑ:məleɪd]	geleia (f) de frutas
mashed potatoes	[mæʃt pə'teɪtəʊz]	puré (m) de batata
mayonnaise	[‚meɪə'neɪz]	maionese (f)
meat	[mi:t]	carne (f)
melon	['melən]	meloa (f), melão (m)
menu	['menju:]	ementa (f)
milk	[mɪlk]	leite (m)
milkshake	['mɪlk ʃeɪk]	batido (m) de leite
millet	['mɪlɪt]	milho-miúdo (m)
mineral water	['mɪnərəl 'wɔ:tə(r)]	água (f) mineral
morel	[mə'rel]	morchela (f)
mushroom	['mʌʃrʊm]	cogumelo (m)
mustard	['mʌstəd]	mostarda (f)
non-alcoholic	[nɒn ‚ælkə'hɒlɪk]	sem álcool
noodles	['nu:dəlz]	talharim (m)
oats	[əʊts]	aveia (f)
olive oil	['ɒlɪv ‚ɔɪl]	azeite (m)

olives	['ɒlɪvz]	azeitonas (f pl)
omelet	['ɒmlɪt]	omelete (f)
onion	['ʌnjən]	cebola (f)
orange	['ɒrɪndʒ]	laranja (f)
orange juice	['ɒrɪndʒ ˌdʒuːs]	sumo (m) de laranja
orange-cap boletus	['ɒrɪndʒ kæp bə'liːtəs]	boleto (m) áspero
oyster	['ɔɪstə(r)]	ostra (f)
pâté	['pæteɪ]	patê (m)
papaya	[pə'paɪə]	papaia (f), mamão (m)
paprika	['pæprɪkə]	páprica (f)
parsley	['pɑːslɪ]	salsa (f)
pasta	['pæstə]	massas (f pl)
pea	[piː]	ervilha (f)
peach	[piːtʃ]	pêssego (m)
peanut	['piːnʌt]	amendoim (m)
pear	[peə(r)]	pera (f)
peel	[piːl]	casca (f)
perch	[pɜːtʃ]	perca (f)
pickled	['pɪkəld]	em vinagre
pie	[paɪ]	tarte (f)
piece	[piːs]	bocado, pedaço (m)
pike	[paɪk]	lúcio (m)
pike perch	[paɪk pɜːtʃ]	zander (m)
pineapple	['paɪnˌæpəl]	ananás (m)
pistachios	[pɪ'stɑːʃɪəʊs]	pistáchios (m pl)
pizza	['piːtsə]	pizza (f)
plate	[pleɪt]	prato (m)
plum	[plʌm]	ameixa (f)
poisonous mushroom	['pɔɪzənəs 'mʌʃrʊm]	cogumelo (m) venenoso
pomegranate	['pɒmɪˌɡrænɪt]	romã (f)
pork	[pɔːk]	carne (f) de porco
porridge	['pɒrɪdʒ]	papa (f)
portion	['pɔːʃən]	porção (f)
potato	[pə'teɪtəʊ]	batata (f)
proteins	['prəʊtiːnz]	proteínas (f pl)
pub, bar	[pʌb], [bɑː(r)]	bar (m)
pudding	['pʊdɪŋ]	pudim (m)
pumpkin	['pʌmpkɪn]	abóbora (f)
rabbit	['ræbɪt]	carne (f) de coelho
radish	['rædɪʃ]	rabanete (m)
raisin	['reɪzən]	uvas (f pl) passas
raspberry	['rɑːzbərɪ]	framboesa (f)
recipe	['resɪpɪ]	receita (f)
red pepper	[red 'pepə(r)]	pimenta (f) vermelha
red wine	['red ˌwaɪn]	vinho (m) tinto
redcurrant	['redkʌrənt]	groselha (f) vermelha
refreshing drink	[rɪ'freʃɪŋ drɪŋk]	refresco (m)
rice	[raɪs]	arroz (m)
rum	[rʌm]	rum (m)
russula	['rʌsjʊlə]	rússula (f)
rye	[raɪ]	centeio (m)
saffron	['sæfrən]	açafrão (m)

salad	['sæləd]	salada (f)
salmon	['sæmən]	salmão (m)
salt	[sɔːlt]	sal (m)
salty	['sɔːltɪ]	salgado
sandwich	['sænwɪdʒ]	sandes (f)
sardine	[sɑːˈdiːn]	sardinha (f)
sauce	[sɔːs]	molho (m)
saucer	['sɔːsə(r)]	pires (m)
sausage	['sɒsɪdʒ]	chouriço (m)
seafood	['siːfuːd]	marisco (m)
sesame	['sesəmɪ]	sésamo (m)
shark	[ʃɑːk]	tubarão (m)
shrimp	[ʃrɪmp]	camarão (m)
side dish	[saɪd dɪʃ]	conduto (m)
slice	[slaɪs]	fatia (f)
smoked	[sməʊkt]	fumado
soft drink	[sɒft drɪŋk]	bebida (f) sem álcool
soup	[suːp]	sopa (f)
soup spoon	[suːp spuːn]	colher (f) de sopa
sour cherry	['saʊə 'tʃerɪ]	ginja (f)
sour cream	['saʊə ˌkriːm]	creme (m) azedo
soy	[sɔɪ]	soja (f)
spaghetti	[spə'getɪ]	espaguete (m)
sparkling	['spɑːklɪŋ]	com gás
spice	[spaɪs]	especiaria (f)
spinach	['spɪnɪdʒ]	espinafre (m)
spiny lobster	['spaɪnɪ 'lɒbstə(r)]	lagosta (f)
spoon	[spuːn]	colher (f)
squid	[skwɪd]	lula (f)
steak	[steɪk]	bife (m)
stew	[stjuː]	guisado (m)
still	[stɪl]	sem gás
strawberry	['strɔːbərɪ]	morango (m)
sturgeon	['stɜːdʒən]	esturjão (m)
sugar	['ʃʊgə(r)]	açúcar (m)
sunflower oil	['sʌnˌflaʊə ɔɪl]	óleo (m) de girassol
sweet	[swiːt]	doce, açucarado
sweet cherry	[swiːt 'tʃerɪ]	cereja (f)
taste, flavor	[teɪst], ['fleɪvə(r)]	sabor, gosto (m)
tasty	['teɪstɪ]	gostoso
tea	[tiː]	chá (m)
teaspoon	['tiːspuːn]	colher (f) de chá
tip	[tɪp]	gorjeta (f)
tomato	[tə'meɪtəʊ]	tomate (m)
tomato juice	[tə'meɪtəʊ dʒuːs]	sumo (m) de tomate
tongue	[tʌŋ]	língua (f)
toothpick	['tuːθpɪk]	palito (m)
trout	[traʊt]	truta (f)
tuna	['tuːnə]	atum (m)
turkey	['tɜːkɪ]	peru (m)
turnip	['tɜːnɪp]	nabo (m)
veal	[viːl]	carne (f) de vitela

vegetable oil	['vedʒtəbəl ɔil]	óleo (m)
vegetables	['vedʒtəbəlz]	legumes (m pl)
vegetarian	[ˌvedʒɪ'teərɪən]	vegetariano (m)
vegetarian	[ˌvedʒɪ'teərɪən]	vegetariano
vermouth	[vɜ:'mu:θ]	vermute (m)
vienna sausage	[vɪ'enə 'sɒsɪdʒ]	salsicha (f)
vinegar	['vɪnɪgə(r)]	vinagre (m)
vitamin	['vaɪtəmɪn]	vitamina (f)
vodka	['vɒdkə]	vodca, vodka (f)
waffles	['wɒfəlz]	waffle (m)
waiter	['weɪtə(r)]	empregado (m) de mesa
waitress	['weɪtrɪs]	empregada (f) de mesa
walnut	['wɔːlnʌt]	noz (f)
water	['wɔːtə(r)]	água (f)
watermelon	['wɔːtəˌmelən]	melancia (f)
wheat	[wiːt]	trigo (m)
whisky	['wɪskɪ]	uísque (m)
white wine	['waɪt ˌwaɪn]	vinho (m) branco
wine	[waɪn]	vinho (m)
wine list	['waɪn lɪst]	lista (f) de vinhos
with ice	[wɪð aɪs]	com gelo
yogurt	['jəʊgərt]	iogurte (m)
zucchini	[zuːˈkiːnɪ]	curgete (f)

* 9 7 8 1 7 8 4 9 2 6 0 0 7 *